LEITFADEN FÜR ANGEHENDE ANWÄLTE

ANWÄLTE

TOP-TIPPS UND ETIKETTE

Inhaltsverzeichnis

Urheberrechtshinweis

Einleitung: Erste Schritte im Rechtsdschungel

Willkommen in der wilden und wunderbaren Welt des Rechts! Wenn Sie dieses Buch in den Händen halten, haben Sie sich wahrscheinlich auf eine spannende Reise in den Anwaltsberuf begeben, und ich kann Ihnen sagen, es ist ein ziemliches Abenteuer. Also schnappen Sie sich Ihre metaphorische Machete, denn wir werden uns gemeinsam durch das dichte Unterholz der Rechtstheorie, des Gerichtsdramas und der Mandantenberatung schlagen.

Bevor Sie sich jetzt als der nächste Atticus Finch oder die nächste Alicia Florrick sehen, sollten wir eines klarstellen: Der Rechtsdschungel ist nichts für schwache Nerven. Es ist ein Ort, an dem die Regeln so schlüpfrig sind wie Aale und jeder Fall ein neues Gewirr von Dornen darstellt, durch das man sich navigieren muss. Aber keine Angst, unerschrockener Leser! Mit den richtigen Werkzeugen, der richtigen Einstellung und einer Prise juristischer Chuzpe werden Sie im Handumdrehen an Lianen schwingen und Argumente gewinnen wie ein erfahrener Tarzan (oder Jane).

In diesem Leitfaden sind wir Ihre treuen Sherpas und führen Sie durch das tückische Terrain des Anwaltsberufs für Anfänger. Von der Entschlüsselung kryptischer lateinischer Phrasen bis hin zur Beherrschung der Kunst des perfekten Schlussplädoyers – wir haben alles für Sie. Aber bevor wir uns ins Detail stürzen, nehmen wir uns einen Moment Zeit, um die Landschaft zu überblicken und uns zu orientieren.

Stellen Sie sich vor, Sie stehen am Rand einer riesigen Rechtssavanne, die Sonne geht am Horizont auf und wirft ihr goldenes Licht auf eine Landschaft voller hoch aufragender Anwaltskanzleien, geschäftiger Gerichtssäle und gelegentlicher zwielichtiger

Gesetzeslücken. Es ist ein Ort, an dem Worte Ihre Waffen sind und jeder Fall ein Kampf der Intelligenz ist.

Atmen Sie jetzt tief durch und spüren Sie, wie die Vorfreude durch Ihre Adern strömt. Dies ist nicht nur ein Job; es ist eine Berufung – eine Chance, Gerechtigkeit zu wahren, Unschuldige zu verteidigen und vielleicht sogar ein Stück Geschichte zu schreiben. Aber denken Sie daran, mit großer Macht geht auch große Verantwortung einher (danke, Onkel Ben), also schnallen Sie sich an und machen Sie sich bereit für die Fahrt Ihres Lebens.

In den folgenden Kapiteln werden wir uns mit allem befassen, von den Grundlagen der juristischen Recherche bis hin zu den Feinheiten der Gerichtsetikette. Wir werden die Feinheiten der Mandantenkommunikation erkunden, in die trüben Gewässer der Rechtsethik eintauchen und sogar einen Blick in die spannende Welt des Völkerrechts werfen.

Aber in diesem Leitfaden geht es nicht nur darum, im Rechtsdschungel zu überleben; es geht darum, erfolgreich zu sein. Es geht darum, Ihre Fähigkeiten zu verfeinern, Ihre Stimme zu finden und die Art von Anwalt zu werden, die selbst Atticus zustimmend nicken lassen würde. Also schnappen Sie sich Ihre Aktentasche, spitzen Sie Ihre Bleistifte und lassen Sie uns gemeinsam dieses große juristische Abenteuer beginnen.

Sind Sie bereit, sich ins Abenteuer zu stürzen? Gut. Denn der juristische Dschungel wartet auf niemanden und es gibt eine ganze Welt voller Fälle, die nur darauf warten, bewältigt zu werden. Also, lieber Leser, greifen Sie diese metaphorische Machete fester und bahnen Sie sich mit uns den Weg zum juristischen Ruhm!

Verstehen Sie Ihre Rolle

Okay, kommen wir zum Kern der Sache als Anwalt: Verstehen Sie Ihre Rolle. Das ist ein großes Thema, also machen Sie es sich bequem und lassen Sie uns plaudern.

Das Wichtigste zuerst: Anwalt zu sein ist ein vielseitiger Beruf. Es geht nicht nur darum, das Gesetz zu kennen; man muss auch ein Dutzend verschiedene Rollen einnehmen und wissen, wann man sie wechseln muss. In einem Moment ist man Berater, im nächsten ist man Forscher und manchmal sogar ein bisschen Detektiv. Lassen Sie uns das also ein wenig aufschlüsseln.

Als Anwalt ist es Ihre Hauptaufgabe, sich für Ihren Mandanten einzusetzen. Das heißt, Sie sind seine Stimme, sein Beschützer und manchmal auch sein Vertrauter. Mandanten kommen zu Ihnen, weil sie jemanden brauchen, der das Labyrinth des Rechtssystems versteht und sie durch dieses führt. Sie stehen vielleicht vor einer Strafanzeige, haben eine schmutzige Scheidung vor sich oder versuchen, ein Geschäft abzuschließen. Egal, in welcher Situation sie sich befinden, sie erwarten von Ihnen Antworten und Unterstützung. Und dabei geht es nicht nur darum, juristisches Fachchinesisch nachzuplappern oder Gesetze zu zitieren; es geht darum, sich ihre Sorgen wirklich anzuhören, ihre Bedürfnisse zu verstehen und die beste Vorgehensweise zu planen.

Aber die Anwaltstätigkeit ist nicht das Ende Ihrer Arbeit – sie ist nur die Spitze des Eisbergs. Ein großer Teil Ihrer Arbeit besteht aus Recherchen. Wir sprechen davon, dass Sie sich durch Fallrecht, Gesetze, juristische Fachzeitschriften und manchmal sogar Zeitungsartikel wühlen, um die eine Information zu finden, die das Blatt zu Ihren Gunsten wenden könnte. Das ist eine akribische Arbeit, die oft viele Stunden in der Bibliothek oder in Online-Datenbanken erfordert. Aber sie ist entscheidend, denn das Gesetz entwickelt sich ständig weiter und auf dem Laufenden zu bleiben kann den Unterschied zwischen Sieg und Niederlage in einem Fall ausmachen.

Und dann ist da noch das Schreiben. Oh Mann, machen Sie sich darauf gefasst, viel zu schreiben. Juristisches Schreiben ist eine ganz eigene Sache. Sie verfassen Schriftsätze, Anträge, Schriftsätze, Verträge und Memos und halten sich dabei an einen ganz bestimmten Stil und eine ganz bestimmte Struktur. Jedes Wort muss sorgfältig gewählt werden, denn Klarheit und Präzision sind das Wichtigste. Sie schreiben hier nicht den nächsten großen amerikanischen Roman; Sie verfassen Dokumente, die für Ihren Mandanten echte, greifbare Konsequenzen haben könnten.

Und vergessen wir nicht die Gerichtstermine. Hier kommt der ganze Glanz des Anwaltsberufs voll zur Geltung – zumindest denken das die Leute. In Wirklichkeit ist ein Gerichtstermin eine Mischung aus aufregend und nervenaufreibend. Egal, ob Sie einem Richter ein Argument vortragen, einen Zeugen ins Kreuzverhör nehmen oder einen Vergleich aushandeln, Ihr Ziel ist es, Ihren Fall im bestmöglichen Licht darzustellen. Dies erfordert nicht nur ein tiefes Verständnis des Gesetzes, sondern auch die Fähigkeit, schnell zu denken. Richter können Sie aus der Bahn werfen, der gegnerische Anwalt kann aggressiv sein und Zeugen können unberechenbar sein. Es ist Ihre Aufgabe, ruhig, gelassen und überzeugend zu bleiben, egal was passiert.

Außerhalb des Gerichtssaals spielen Sie auch die Rolle des Verhandlungsführers. Viele Rechtsfragen werden außergerichtlich geregelt, und dies erfordert andere Fähigkeiten. Bei Verhandlungen geht es darum, einen Mittelweg zu finden, eine Lösung, die beide Parteien zufriedenstellt. Es geht darum zu wissen, wann man Druck machen und wann man nachgeben muss und wie man seine Argumente so formulieren kann, dass eine Einigung für die andere Seite attraktiv ist. Hier kommen Ihre zwischenmenschlichen Fähigkeiten ins Spiel. Die Fähigkeit, die Stimmung im Raum zu erfassen, die Motivationen der anderen Partei zu verstehen und effektiv zu kommunizieren, ist entscheidend.

Dann gibt es noch die beratende Funktion. Kunden kommen oft nicht nur wegen unmittelbarer Rechtsprobleme zu Ihnen, sondern auch um Rat, wie sie diese in Zukunft vermeiden können. Dies kann bedeuten, ein Unternehmen bei der Einhaltung gesetzlicher Vorschriften zu beraten, einer Familie bei der Nachlassplanung zu helfen oder eine gemeinnützige Organisation in Governance-Fragen zu beraten. Hier sind Sie eher ein Berater, der Anleitung und Strategien zur Navigation durch komplexe Rechtslandschaften bietet.

Lassen Sie uns nun über Ethik sprechen, denn sie ist ein wichtiger Teil Ihrer Rolle. Als Anwalt unterliegen Sie einem strengen Ethikkodex. Dies bedeutet, dass Sie die Vertraulichkeit Ihrer Mandanten wahren, Interessenkonflikte vermeiden und immer im besten Interesse Ihres Mandanten handeln müssen. Dies kann Sie manchmal in schwierige Situationen bringen. Was ist, wenn Ihr Mandant im Zeugenstand lügen möchte? Was ist, wenn Sie mitten in einem Fall einen Interessenkonflikt entdecken? Diese Situationen erfordern ein tiefes Verständnis der ethischen Regeln und den Mut, diese einzuhalten, auch wenn es schwierig ist.

Und vergessen wir nicht, dass lebenslanges Lernen wichtig ist. Das Recht ist nicht statisch, sondern ein lebendiges, atmendes Gebilde, das sich mit der Gesellschaft weiterentwickelt. Neue Gesetze werden verabschiedet, alte aufgehoben und richtungsweisende Gerichtsentscheidungen können über Nacht die Rechtslage verändern. Um ein erfolgreicher Anwalt zu sein, müssen Sie sich zu kontinuierlichem Lernen verpflichten. Das bedeutet, juristische Seminare zu besuchen, juristische Fachzeitschriften zu lesen und manchmal sogar zur weiteren Spezialisierung noch einmal an die Universität zu gehen.

Apropos Spezialisierung, lassen Sie uns darauf eingehen. Das Rechtsgebiet ist riesig und niemand kann auf allen Gebieten ein Experte sein. Zu Beginn Ihrer Karriere werden Sie wahrscheinlich in verschiedenen Rechtsgebieten herumschnuppern, um zu sehen, was

Ihnen am besten liegt. Irgendwann könnten Sie sich auf ein bestimmtes Gebiet spezialisieren, wie etwa Strafrecht, Gesellschaftsrecht, Familienrecht oder geistiges Eigentum. Durch die Spezialisierung können Sie tiefere Fachkenntnisse entwickeln und zu einer gefragten Ressource in Ihrem gewählten Gebiet werden.

Und schließlich dürfen wir die geschäftliche Seite des Anwaltsberufs nicht vergessen. Egal, ob Sie in einer großen Kanzlei, einer kleinen Partnerschaft oder einer Einzelpraxis arbeiten, es ist entscheidend, die geschäftlichen Aspekte einer Anwaltskanzlei zu verstehen. Dazu gehören Kundenmanagement, Abrechnung, Marketing und sogar die Verwaltung des Hilfspersonals. Ein erfolgreicher Anwalt zeichnet sich nicht nur durch hervorragende Rechtspraxis aus, sondern auch durch die effiziente Führung seiner Praxis.

Zusammenfassend lässt sich sagen, dass Sie, wenn Sie Ihre Rolle als Anwalt verstehen, erkennen müssen, dass Sie Anwalt, Forscher, Autor, Verhandlungsführer, Berater, ethischer Wächter, lebenslanger Lerner, Spezialist und Geschäftsmann in einer Person sind. Es ist ein anspruchsvoller, aber unglaublich lohnender Beruf. Sie haben die Möglichkeit, das Leben der Menschen wirklich zu verändern, für Gerechtigkeit zu kämpfen und ständig zu lernen und zu wachsen. Akzeptieren Sie also die Vielseitigkeit Ihrer Rolle, bleiben Sie neugierig und hören Sie nie auf, nach Exzellenz zu streben. Willkommen im Rechtsdschungel – Sie werden Großes leisten.

Grundlagen der juristischen Ausbildung

Wer den Weg in den Anwaltsberuf antritt, benötigt eine solide Ausbildung. Dieses Kapitel soll Ihnen einen umfassenden Überblick über die wichtigsten Elemente der juristischen Ausbildung geben, von den Kursen, die Sie belegen müssen, bis hin zu den Fähigkeiten, die Sie entwickeln müssen. Egal, ob Sie gerade erst mit dem Jurastudium beginnen oder sich bereits mitten im Studium befinden, das Verständnis dieser Grundlagen wird Ihnen helfen, Ihren Bildungsweg effektiv zu beschreiten.

Das Wichtigste zuerst – lassen Sie uns über die Grundlagen des Jurastudiums sprechen. Die meisten juristischen Fakultäten bieten ein dreijähriges Juris Doctor (JD)-Programm an, das in vielen Ländern, darunter auch den Vereinigten Staaten, der Standardweg zum praktizierenden Anwalt ist. Das erste Jahr, allgemein als 1L bezeichnet, ist normalerweise das anspruchsvollste. In diesem Jahr legen Sie den Grundstein für Ihre juristische Ausbildung, indem Sie Kernkurse wie Verträge, Deliktsrecht, Zivilprozessrecht, Strafrecht, Eigentum und juristisches Schreiben belegen. Diese Fächer bilden das Fundament Ihres juristischen Wissens und sind entscheidend für das Verständnis der komplexeren Rechtsgebiete, mit denen Sie später konfrontiert werden.

Lassen Sie uns einige dieser Kernthemen näher betrachten. Im Bereich Verträge lernen Sie beispielsweise, wie Vereinbarungen getroffen und durchgesetzt werden, was sowohl für das Privat- als auch für das Wirtschaftsrecht von grundlegender Bedeutung ist. Das Deliktsrecht umfasst zivilrechtliche Vergehen und Schäden und führt Sie in Konzepte wie Fahrlässigkeit und Haftung ein. Im Bereich Zivilprozessrecht geht es um die Regeln und Verfahren, die Gerichte in Zivilprozessen befolgen. Im Bereich Strafrecht hingegen stehen Verbrechen und das Strafvollzugssystem im Mittelpunkt, sodass Sie Einblicke in alles von Diebstahl bis Mord erhalten. Im Bereich

Eigentumsrecht geht es um Eigentum und Rechte an Land und persönlichem Eigentum. Und schließlich verfeinern Sie im Bereich Juristisches Schreiben Ihre Fähigkeit, Schriftsätze, Memos und andere juristische Dokumente zu verfassen – eine grundlegende Fähigkeit für jeden Anwalt.

Im zweiten und dritten Studienjahr (2L und 3L) wird der Lehrplan flexibler, sodass Sie Wahlfächer entsprechend Ihren Interessen und Karrierezielen wählen können. Jetzt ist es an der Zeit, über eine Spezialisierung nachzudenken. Ziehen Sie Gesellschaftsrecht, Umweltrecht, Familienrecht oder vielleicht geistiges Eigentum an? Ihre Wahl der Wahlfächer kann Ihnen helfen, Fachwissen in Ihrem bevorzugten Bereich aufzubauen. Kurse wie Beweisführung, Verfassungsrecht und Berufsverantwortung sind ebenfalls häufig Pflicht und entscheidend für Ihr Verständnis von Rechtsverfahren und ethischen Standards.

Lassen Sie uns nun über Fähigkeiten sprechen. Neben dem theoretischen Wissen, das Sie durch Ihre Kursarbeit erwerben, geht es im Jurastudium auch darum, eine Reihe praktischer Fähigkeiten zu entwickeln, die Ihnen während Ihrer gesamten Karriere von Nutzen sein werden. Kritisches Denken ist das Herzstück der Rechtsanalyse. Sie lernen, Fälle zu analysieren, Schlüsselfragen zu identifizieren und Rechtsprinzipien auf verschiedene Szenarien anzuwenden. Analytisches Denken geht Hand in Hand mit kritischem Denken und ermöglicht es Ihnen, Argumente und Beweise systematisch zu bewerten.

Rechtsrecherche ist eine weitere grundlegende Fähigkeit. Das Wissen, wie man Rechtsprechung, Gesetze und Vorschriften effizient findet und interpretiert, ist für die Entwicklung überzeugender juristischer Argumente von grundlegender Bedeutung. In Ihren Kursen zur juristischen Recherche und zum Verfassen von Texten werden Sie mit der Verwendung juristischer Datenbanken wie Westlaw und

LexisNexis vertraut gemacht, die für jeden praktizierenden Anwalt unverzichtbare Werkzeuge sind.

Mündliche Verteidigung ist ebenso wichtig. Ob Sie einen Fall vor Gericht vertreten oder einen Vergleich aushandeln, die Fähigkeit, klar und überzeugend zu kommunizieren, ist entscheidend. Moot-Court-Wettbewerbe, Scheinprozesse und Debattierclubs bieten hervorragende Möglichkeiten, diese Fähigkeiten in einer simulierten Umgebung zu üben.

Ein Aspekt der juristischen Ausbildung, der oft übersehen wird, ist die Bedeutung von Praktika und externen Praktika. Diese Erfahrungen aus der Praxis sind von unschätzbarem Wert. Sie vermitteln ein praktisches Verständnis dafür, wie das Gesetz außerhalb des Klassenzimmers angewendet wird, bieten Möglichkeiten zum Netzwerken und helfen oft dabei, nach dem Abschluss eine Anstellung zu finden. Versuchen Sie, Praktika in einer Vielzahl von Umgebungen zu bekommen – private Anwaltskanzleien, gemeinnützige Organisationen, Regierungsbehörden –, um einen umfassenden Überblick über die Rechtslandschaft zu erhalten.

Auch die Mitgliedschaft in juristischen Zeitschriften und Fachzeitschriften ist äußerst vorteilhaft. Die Teilnahme an diesen Aktivitäten schärft Ihre Recherche- und Schreibfähigkeiten und wertet Ihren Lebenslauf auf. Arbeitgeber sehen Kandidaten, die Beiträge in einer juristischen Fachzeitschrift verfasst haben, oft positiv, da dies ein Engagement für die Wissenschaft und die Fähigkeit zur Erstellung qualitativ hochwertiger juristischer Texte zeigt.

Vergessen wir nicht die Vorbereitung auf die Anwaltsprüfung. Wenn Sie sich dem Ende Ihres Jurastudiums nähern, wird die Vorbereitung auf die Anwaltsprüfung von größter Bedeutung. Die Anwaltsprüfung ist ein strenger Test Ihrer juristischen Kenntnisse und Fähigkeiten, und das Bestehen ist für die Zulassung als Anwalt unerlässlich. Viele juristische Fakultäten bieten Vorbereitungskurse für die Anwaltsprüfung an, und es gibt zahlreiche kommerzielle

9

Anwaltsprüfungsprogramme, die umfassende Studienmaterialien und Übungsprüfungen anbieten. Beginnen Sie frühzeitig mit der Vorbereitung und nutzen Sie alle Ihnen zur Verfügung stehenden Ressourcen.

Networking ist ein weiterer wichtiger Bestandteil Ihrer juristischen Ausbildung. Der Aufbau von Beziehungen zu Professoren, Kommilitonen und Fachleuten auf diesem Gebiet kann Türen zu Beschäftigungsmöglichkeiten öffnen und als Mentor dienen. Nehmen Sie an Veranstaltungen der juristischen Fakultät teil, treten Sie Studentenorganisationen bei und erwägen Sie den Beitritt zu Berufsverbänden wie der American Bar Association oder lokalen Anwaltskammern.

Unterschätzen Sie nicht die Bedeutung guter Lerngewohnheiten und Zeitmanagementfähigkeiten. Das Jurastudium kann unglaublich anspruchsvoll sein und die Balance zwischen Kursarbeit, Praktika und Privatleben erfordert sorgfältige Planung und Disziplin. Erstellen Sie einen Lernplan, setzen Sie sich realistische Ziele und nehmen Sie sich Zeit für sich selbst, um ein Burnout zu vermeiden.

Zusammenfassend lässt sich sagen, dass die juristische Ausbildung eine vielschichtige Reise ist, die das Beherrschen von Kernfächern, die Entwicklung praktischer Fähigkeiten, das Sammeln von Erfahrungen aus der Praxis und den Aufbau eines professionellen Netzwerks umfasst. Wenn Sie diese Grundlagen verstehen und annehmen, sind Sie gut gerüstet, um sich im Jurastudium zurechtzufinden und eine solide Grundlage für eine erfolgreiche juristische Karriere zu legen. Denken Sie daran, dass es im Jurastudium nicht nur darum geht, Wissen zu erwerben; es geht darum, ein vielseitiger, ethischer und wirksamer Anwalt für Gerechtigkeit zu werden. Tauchen Sie also mit Begeisterung ein, bleiben Sie neugierig und treiben Sie sich weiter an, um zu lernen und zu wachsen. Der Anwaltsberuf erwartet Sie und mit der richtigen Vorbereitung sind Sie bereit, sich einen Namen zu machen.

Erfolgreich durch das Jurastudium

Okay, sprechen wir über das Biest Jurastudium und wie man es wie ein erfahrener Profi bezwingt. Egal, ob Sie gerade erst Ihr Studium beginnen oder bereits mitten in der Rechtsprechung stecken, um das Jurastudium erfolgreich zu meistern, benötigen Sie eine Kombination aus Strategie, Ausdauer und einer Prise Vernunft. Also, schnappen Sie sich Ihre Textmarker und legen Sie los.

Das Wichtigste zuerst – lassen Sie uns das Offensichtliche ansprechen: Das Jurastudium ist hart. Also wirklich hart. Die Arbeitsbelastung ist hoch, die Konkurrenz kann groß sein und es steht viel auf dem Spiel. Aber keine Angst, lieber Leser, denn mit der richtigen Einstellung und Herangehensweise können Sie das Jurastudium nicht nur überleben, sondern auch erfolgreich absolvieren.

Was ist also die Geheimzutat? Nun, es beginnt mit Zeitmanagement. Im Ernst, wenn es eine Fähigkeit gibt, die Sie im Jurastudium beherrschen müssen, dann ist es Zeitmanagement. Zwischen Leseaufgaben, dem Schreiben von Arbeiten, dem Besuch von Vorlesungen und außerschulischen Aktivitäten wird Ihr Terminkalender voller sein als eine Sardinenbüchse. Der Schlüssel liegt darin, gnadenlos Prioritäten zu setzen. Finden Sie heraus, was jeden Tag, jede Woche und jeden Monat unbedingt erledigt werden muss, und konzentrieren Sie Ihre Energie darauf. Und vergessen Sie nicht, auch etwas Freizeit einzuplanen – Burnout ist real, Leute.

Als nächstes reden wir übers Lesen. Oh Mann, machen Sie sich darauf gefasst, viel zu lesen. Die juristische Fakultät ist wie ein nie endender Buchclub aus der Hölle. Jede Woche werden Ihnen Hunderte Seiten dichten juristischen Textes aufgegeben, und es liegt an Ihnen, alles zu verarbeiten. Aber keine Angst, denn es gibt ein paar Tricks, die Ihnen helfen, das Lesemonster zu bezwingen. Erstens: Lernen Sie, den Text effektiv zu überfliegen. Nicht jedes Wort in diesen Fällen ist entscheidend, also trainieren Sie Ihr Gehirn, die wichtigsten Punkte zu erkennen und weiterzumachen. Zweitens: Erwägen Sie die Gründung einer Lerngruppe. Das Lesen von Fällen mit Kommilitonen kann Ihnen helfen, Verantwortung zu übernehmen und neue Perspektiven auf komplexe Rechtsfragen zu gewinnen.

Jetzt reden wir über den Unterricht. Ja, Sie müssen tatsächlich zum Unterricht in der juristischen Fakultät gehen. Schockierend, ich weiß. Aber im Ernst, der Besuch von Vorlesungen und die Teilnahme an Diskussionen ist entscheidend, um den Stoff zu verstehen und Beziehungen zu Professoren aufzubauen. Außerdem geben manche Professoren gerne Hinweise darauf, was in der Prüfung drankommen könnte, also seien Sie aufmerksam!

Apropos Prüfungen: Lassen Sie uns das gefürchtete Thema der juristischen Prüfungen ansprechen. Sie sind wie ein Übergangsritus, aber das bedeutet nicht, dass sie furchterregend sein müssen. Der Schlüssel zum Prüfungserfolg ist die Vorbereitung. Beginnen Sie früh mit dem Lernen, skizzieren Sie Ihre Notizen und üben Sie, üben Sie, üben Sie. Und vergessen Sie nicht die Probeprüfungen – sie sind Ihr bester Freund. Je besser Sie mit dem Format und dem Stil der juristischen Prüfungen vertraut sind, desto besser sind Sie darauf vorbereitet, sie zu bestehen.

Lassen Sie uns nun über außerschulische Aktivitäten sprechen. Ja, Sie haben im Jurastudium Zeit für außerschulische Aktivitäten – vertrauen Sie mir. Ob Sie einer Studentenorganisation beitreten, an einem Moot Court teilnehmen oder für die Law Review schreiben, sich außerhalb des Unterrichts zu engagieren, kann Ihre Erfahrung im Jurastudium bereichern und Ihren Lebenslauf aufwerten. Achten Sie nur darauf, sich nicht zu viel vorzunehmen – denken Sie an das Zeitmanagement!

Vergessen wir nicht, auf sich selbst zu achten. Ich weiß, ich weiß, es klingt abgedroschen, aber es ist entscheidend. Das Jurastudium kann geistig und emotional anstrengend sein, deshalb ist es wichtig, auf sich selbst aufzupassen. Treiben Sie regelmäßig Sport, essen Sie gut, schlafen Sie ausreichend und scheuen Sie sich nicht, sich Hilfe zu holen, wenn Sie sie brauchen. Egal, ob Sie mit einem Freund, einem Familienmitglied oder einem Psychologen sprechen, es ist in Ordnung, um Hilfe zu bitten.

Und zu guter Letzt wollen wir über Networking sprechen. Der Aufbau von Beziehungen zu Kommilitonen, Professoren und Rechtsexperten kann Türen zu Jobchancen und Mentoring öffnen. Nehmen Sie an Networking-Events teil, treten Sie Studentenorganisationen bei und nutzen Sie alle Alumni-Netzwerke, die Ihre Schule bietet. Sie wissen nie, wen Sie treffen könnten oder welche Möglichkeiten sich ergeben könnten.

Zusammenfassend lässt sich sagen, dass es beim erfolgreichen Durchlaufen des Jurastudiums vor allem um Ausgewogenheit, Zeitmanagement, Vorbereitung und Selbstfürsorge geht. Es ist ein Marathon, kein Sprint, also gehen Sie es langsam an und seien Sie nicht zu streng mit sich selbst, wenn Sie unterwegs stolpern. Denken Sie daran, Sie sind nicht allein – Ihre Kommilitonen, Professoren und Ihr Unterstützungsnetzwerk drücken Ihnen alle die Daumen, dass Sie Erfolg haben. Behalten Sie also das Ziel im Auge, bleiben Sie konzentriert, und ehe Sie sich versehen, werden Sie diese Bühne mit Ihrem Jura-Abschluss in der Hand überqueren. Sie schaffen das!

Sichern Sie sich Ihren ersten Job: Navigieren Sie auf dem juristischen Arbeitsmarkt

Also gut, tauchen wir ein in die spannende Welt der Sicherung Ihres ersten Jobs als angehender Anwalt. Egal, ob Sie kurz vor dem Abschluss Ihres Jurastudiums stehen oder bereits ein frischgebackener Absolvent sind und Ihren ersten Job an Land ziehen möchten, der juristische Arbeitsmarkt kann wie ein entmutigendes Labyrinth erscheinen. Aber keine Angst, denn mit der richtigen Herangehensweise, ein wenig Ausdauer und einer Prise Glück können Sie die perfekte Gelegenheit finden, Ihre juristische Karriere anzukurbeln.

Das Wichtigste zuerst – sprechen wir über die Strategie. Um Ihren ersten Job zu bekommen, ist ein vielschichtiger Ansatz erforderlich, der Networking, Bewerbungen auf Stellen und die Präsentation Ihrer Fähigkeiten und Erfahrungen kombiniert. Es reicht nicht aus, sich einfach zurückzulehnen und darauf zu warten, dass sich Gelegenheiten ergeben; Sie müssen bei Ihrer Jobsuche proaktiv und strategisch vorgehen.

Networking ist der Schlüssel. Ich kann das nicht genug betonen. Der Aufbau von Beziehungen zu Anwälten, Alumni, Professoren und anderen Rechtsexperten kann Türen zu Beschäftigungsmöglichkeiten öffnen, von denen Sie vielleicht nicht einmal wussten, dass es sie gibt. Nehmen Sie an juristischen Veranstaltungen teil, treten Sie Berufsverbänden bei und wenden Sie sich an Personen in Ihrem gewünschten Bereich, um Informationsgespräche zu führen. Scheuen Sie sich nicht, sich zu präsentieren und Kontakte zu knüpfen – schließlich wissen Sie nie, wer einen Tipp für Ihren Traumjob hat.

Als nächstes sprechen wir über Lebensläufe und Anschreiben. Ihr Lebenslauf vermittelt potenziellen Arbeitgebern den ersten Eindruck, daher ist es wichtig, dass er zählt. Passen Sie Ihren Lebenslauf an jede

Stelle an, auf die Sie sich bewerben, und heben Sie relevante Fähigkeiten, Erfahrungen und Erfolge hervor. Und vergessen Sie Ihr Anschreiben nicht – es ist Ihre Chance, Ihre Geschichte zu erzählen und zu erklären, warum Sie perfekt für die Stelle geeignet sind. Halten Sie es kurz, professionell und fehlerfrei und passen Sie es unbedingt für jede Bewerbung an.

Kommen wir nun zu den Jobbörsen. Networking ist von unschätzbarem Wert, aber auch Jobbörsen können ein wertvolles Werkzeug bei Ihrer Jobsuche sein. Websites wie Indeed, LinkedIn und Lawjobs.com bieten häufig Stellenausschreibungen für juristische Einstiegspositionen. Richten Sie Jobbenachrichtigungen ein, durchsuchen Sie regelmäßig die Stellenausschreibungen und scheuen Sie sich nicht, ein breites Netz auszuwerfen. Sie wissen nie, wo Ihre nächste Chance herkommt.

Auch Personalvermittler im Rechtsbereich können eine wertvolle Ressource sein. Diese Fachleute sind darauf spezialisiert, Kandidaten mit offenen Stellen in Anwaltskanzleien, Rechtsabteilungen von Unternehmen, Behörden und anderen juristischen Organisationen zusammenzubringen. Wenden Sie sich an Personalvermittler im Rechtsbereich in Ihrer Nähe, reichen Sie Ihren Lebenslauf ein und teilen Sie ihnen mit, wonach Sie bei einem Job suchen. Sie können Ihnen dabei helfen, Stellen zu finden, die Ihren Fähigkeiten und Karrierezielen entsprechen.

Eine weitere Möglichkeit, die Sie erkunden können, sind Praktika und externe Stellen. Diese kurzfristigen Stellen können Ihnen wertvolle praktische Erfahrung bieten, Ihren Lebenslauf aufwerten und möglicherweise später zu einer Vollzeitbeschäftigung führen. Wenden Sie sich an Anwaltskanzleien, Behörden und gemeinnützige Organisationen in Ihrer Nähe, um sich nach Praktikumsmöglichkeiten zu erkundigen. Auch wenn dort keine Stellen ausgeschrieben sind, kann es nie schaden, nachzufragen.

Lassen Sie uns nun über die Vorbereitung auf das Vorstellungsgespräch sprechen. Ein Vorstellungsgespräch zu bekommen ist die halbe Miete. Daher ist es wichtig, einen guten Eindruck zu hinterlassen, wenn Sie die Chance dazu bekommen. Informieren Sie sich im Vorfeld über das Unternehmen oder die Organisation, üben Sie Ihre Antworten auf häufige Fragen im Vorstellungsgespräch und seien Sie darauf vorbereitet, Ihre Qualifikationen und Erfahrungen ausführlich zu erläutern. Kleiden Sie sich professionell, erscheinen Sie pünktlich und bringen Sie Kopien Ihres Lebenslaufs und aller anderen relevanten Dokumente mit. Und vergessen Sie nicht, nach dem Vorstellungsgespräch eine Dankeskarte zu schicken – das ist eine einfache Geste, die viel bewirken kann.

Ein Aspekt der Jobsuche, der oft übersehen wird, ist die Bedeutung einer Online-Präsenz. Im heutigen digitalen Zeitalter recherchieren Arbeitgeber häufig online nach Kandidaten, bevor sie eine Einstellungsentscheidung treffen. Stellen Sie sicher, dass Ihr LinkedIn-Profil aktuell und professionell ist, und erwägen Sie die Erstellung einer persönlichen Website oder eines Blogs, um Ihre Arbeit und Erfolge zu präsentieren. Halten Sie Ihre Social-Media-Profile sauber und professionell, und achten Sie darauf, was Sie online posten – es könnte Ihnen später zum Verhängnis werden.

Zum Schluss wollen wir noch über Beharrlichkeit sprechen. Der Arbeitsmarkt für Juristen kann hart umkämpft sein und Ablehnungen sind an der Tagesordnung. Lassen Sie sich nicht entmutigen, wenn Sie Ihren Traumjob nicht gleich bekommen. Bauen Sie weiterhin Netzwerke auf, bewerben Sie sich weiter und verbessern Sie Ihre Fähigkeiten. Ihr erster Job ist vielleicht nicht Ihr Traumjob, aber er ist ein Sprungbrett für größere und bessere Möglichkeiten in der Zukunft.

Zusammenfassend lässt sich sagen, dass Sie für Ihren ersten Job als Anwalt einen proaktiven, strategischen Ansatz benötigen, der Networking, Bewerbungen und die Präsentation Ihrer Fähigkeiten und Erfahrungen kombiniert. Indem Sie Ihr berufliches Netzwerk nutzen,

Ihre Bewerbungsunterlagen anpassen, verschiedene Möglichkeiten der Jobsuche erkunden und sich gründlich auf Vorstellungsgespräche vorbereiten, können Sie Ihre Chancen erhöhen, den begehrten ersten Job zu ergattern. Denken Sie daran, Rom wurde nicht an einem Tag erbaut und eine erfolgreiche Karriere als Anwalt auch nicht. Bleiben Sie also konzentriert und beharrlich, und ehe Sie sich versehen, sind Sie auf dem besten Weg, Ihre Karriereziele zu erreichen. Viel Glück!

Vorstellungsgespräch Vorbereiten: So gelingt der Traumjob

Also gut, schnallen Sie sich an, denn wir stürzen uns in die Details der Vorbereitung auf ein Vorstellungsgespräch. Egal, ob Sie Ihren ersten Job als Anwalt anstreben oder in Ihrer Karriere aufsteigen möchten, das Vorstellungsgespräch zu meistern, ist entscheidend. Also krempeln wir die Ärmel hoch und machen Sie sich bereit, die Personalchefs zu beeindrucken.

Das Wichtigste zuerst: recherchieren, recherchieren, recherchieren. Ich kann das nicht genug betonen. Bevor Sie überhaupt daran denken, den Vorstellungsraum zu betreten, müssen Sie alles über das Unternehmen oder die Organisation wissen, bei der Sie sich bewerben. Welche Art von Recht ist dort angesiedelt? Was sind ihre Grundwerte? Wer sind ihre wichtigsten Kunden oder Partner? Je mehr Sie wissen, desto besser können Sie Ihre Antworten anpassen und Ihre Begeisterung für die Stelle zeigen.

Als nächstes sprechen wir über die klassischen Interviewfragen. Sie wissen, welche ich meine: Erzählen Sie mir etwas über sich selbst, was sind Ihre Stärken und Schwächen, warum möchten Sie hier arbeiten usw. Diese Fragen mögen einfach erscheinen, aber sie sind oft diejenigen, die die Leute ins Stolpern bringen. Der Schlüssel ist, Ihre Antworten vorher zu üben, damit Sie selbstbewusst und präzise antworten können. Und vergessen Sie nicht, einige konkrete Beispiele aus Ihrer Vergangenheit einzubringen, um Ihre Behauptungen zu untermauern.

Jetzt reden wir über die Überraschungen. In jedem Vorstellungsgespräch gibt es sie – die unerwarteten Fragen, die Sie überrumpeln und Sie nach einer Antwort suchen lassen. Der Schlüssel zum Umgang mit diesen Fragen ist, ruhig zu bleiben, schnell zu denken und ehrlich zu sein. Wenn Sie die Antwort nicht wissen, ist es in

Ordnung, das zu sagen. Denken Sie nur daran, eine durchdachte Antwort oder ein Beispiel dafür zu geben, wie Sie die Antwort finden würden.

Ein Aspekt der Vorbereitung auf ein Vorstellungsgespräch, der oft übersehen wird, ist die Wichtigkeit, Ihren Elevator Pitch zu üben. Dies ist Ihre Chance, kurz und bündig zusammenzufassen, wer Sie sind, was Sie tun und warum Sie perfekt für den Job geeignet sind – und das alles in der Zeit, die Sie brauchen, um mit dem Aufzug zu fahren. Es ist ein wertvolles Werkzeug für Networking-Events, Karrieremessen und – Sie haben es erraten – Vorstellungsgespräche. Polieren Sie also Ihren Elevator Pitch auf und seien Sie bereit, ihn selbstbewusst vorzutragen.

Kommen wir nun zur Kleidung. Ja, das Erscheinungsbild ist wichtig, insbesondere im Rechtsberuf. Professionelle Kleidung zeugt von Respekt für das Vorstellungsgespräch und zeigt, dass Sie die Normen und Erwartungen der Branche kennen. Gehen Sie im Zweifelsfall lieber auf Nummer sicher und entscheiden Sie sich für konservative Kleidung. Ein gut sitzender Anzug, elegante Schuhe und nur wenige Accessoires sind die beste Wahl.

Als nächstes sprechen wir über die Logistik. Informieren Sie sich über die Logistik des Vorstellungsgesprächs – wo es stattfindet, wen Sie treffen und wie Sie dorthin gelangen. Kommen Sie früh, aber nicht zu früh (zehn bis fünfzehn Minuten sind optimal) und bringen Sie Kopien Ihres Lebenslaufs und aller anderen relevanten Dokumente mit. Und vergessen Sie nicht, Ihr Telefon stumm zu schalten – Sie möchten nicht, dass es mitten im Vorstellungsgespräch klingelt!

Kommen wir nun zur Körpersprache. Nonverbale Signale können in einem Vorstellungsgespräch Bände sprechen, daher ist es wichtig, auf Ihre Körpersprache zu achten. Halten Sie Augenkontakt, sitzen Sie aufrecht und vermeiden Sie Zappeln oder das Verschränken der Arme. Ein fester Händedruck und ein echtes Lächeln können viel dazu beitragen, einen positiven Eindruck zu hinterlassen.

Und zu guter Letzt: Lassen Sie uns über die Nachbereitung sprechen. Schicken Sie Ihrem Gesprächspartner nach dem Vorstellungsgespräch unbedingt eine Dankesnachricht, in der Sie Ihre Dankbarkeit für die Chance zum Ausdruck bringen und Ihr Interesse an der Stelle bekräftigen. Das ist eine einfache Geste, die einen bleibenden Eindruck hinterlassen und Sie von anderen Kandidaten abheben kann.

Zusammenfassend lässt sich sagen, dass es bei der Vorbereitung auf Vorstellungsgespräche vor allem um Recherche, Übung und Selbstvertrauen geht. Indem Sie sich gründlich über das Unternehmen informieren, Ihre Antworten auf häufige Fragen im Vorstellungsgespräch üben und auf Ihr Erscheinungsbild und Ihre Körpersprache achten, können Sie Ihre Erfolgschancen erhöhen und Ihren Traumjob ergattern. Also los – geben Sie sich Mühe, zeigen Sie, was in Ihnen steckt, und lassen Sie Ihr juristisches Können glänzen. Viel Glück!

Onboarding und Orientierung: So meistern Sie Ihre ersten Tage in der Rechtswelt

Herzlichen Glückwunsch! Sie haben Ihren ersten Job im Rechtsbereich ergattert und jetzt ist es an der Zeit, Ihre Einarbeitungs- und Orientierungsreise anzutreten. Dies ist Ihre Chance, sich mit Ihrem neuen Arbeitsplatz vertraut zu machen, Ihre Kollegen kennenzulernen und sich mit den Feinheiten Ihrer neuen Rolle vertraut zu machen. Lassen Sie uns also loslegen und sicherstellen, dass Sie sofort durchstarten.

Das Wichtigste zuerst – lassen Sie uns über die Logistik sprechen. Ihr erster Arbeitstag kann überwältigend sein, daher ist es wichtig zu wissen, was Sie erwartet. Stellen Sie sicher, dass Sie alle erforderlichen Unterlagen ausgefüllt haben und alle erforderlichen Dokumente (wie Ausweise und Bankdaten) zur Hand haben. Machen Sie sich mit der Kleiderordnung, den Bürozeiten und allen anderen Richtlinien oder Verfahren vertraut, die Sie befolgen müssen.

Als nächstes sprechen wir über die Vorstellung. An Ihrem ersten Tag werden Sie wahrscheinlich viele neue Gesichter treffen, daher ist es wichtig, einen guten Eindruck zu machen. Lächeln Sie, stellen Sie Augenkontakt her und geben Sie Ihren Kollegen einen festen Händedruck. Merken Sie sich ihre Namen und scheuen Sie sich nicht, Fragen zu stellen oder ein Gespräch anzufangen – das ist eine großartige Möglichkeit, das Eis zu brechen und Beziehungen aufzubauen.

Lassen Sie uns nun über die Eingewöhnung sprechen. Ihre Personalabteilung verfügt wahrscheinlich über ein umfassendes Onboarding-Programm, das Ihnen dabei hilft, sich an Ihre neue Rolle und das Unternehmen als Ganzes zu gewöhnen. Dies kann Orientierungssitzungen, Schulungsprogramme und Vorstellungen von

Schlüsselpersonal umfassen. Nutzen Sie diese Ressourcen – sie sind darauf ausgelegt, Sie auf den Erfolg in Ihrer neuen Position vorzubereiten.

Während Ihres Onboarding-Prozesses sollten Sie sich auch mit den Tools und Systemen vertraut machen, die Sie täglich verwenden werden. Dazu können Softwareprogramme, Datenbanken und Kommunikationstools gehören. Scheuen Sie sich nicht, um Hilfe zu bitten, wenn Sie sie brauchen – Ihre Kollegen sind da, um Sie bei der Einarbeitung zu unterstützen.

Als Nächstes sprechen wir über das Setzen von Erwartungen. Ihr Manager wird sich wahrscheinlich in Ihrer ersten Woche mit Ihnen zusammensetzen, um Ihre Rolle, Verantwortlichkeiten und Ziele zu besprechen. Dies ist Ihre Chance, Fragen zu stellen, Erwartungen zu klären und ein Gefühl dafür zu bekommen, wie Erfolg in Ihrer neuen Position aussehen kann. Seien Sie offen und empfänglich für Feedback und zögern Sie nicht, alle Bedenken oder Herausforderungen mitzuteilen, mit denen Sie möglicherweise konfrontiert sind.

Lassen Sie uns nun über die Integration in das Team sprechen. Der Aufbau von Beziehungen zu Ihren Kollegen ist entscheidend für Ihren Erfolg in Ihrer neuen Rolle. Nehmen Sie sich die Zeit, Ihre Teamkollegen sowohl beruflich als auch persönlich kennenzulernen. Bieten Sie Ihre Hilfe an, wo Sie können, und suchen Sie proaktiv nach Möglichkeiten zur Zusammenarbeit und Mitwirkung bei Teamprojekten.

Vergessen Sie nicht, auf sich selbst aufzupassen, während Sie sich in Ihre neue Rolle einleben. Der Übergang zu einem neuen Job kann stressig sein, daher ist es wichtig, dass Sie während dieser Zeit auf sich selbst achten. Nehmen Sie sich Zeit für Bewegung, Entspannung und Aktivitäten, die Ihnen außerhalb der Arbeit Freude bereiten. Und scheuen Sie sich nicht, sich auf Ihr Unterstützungsnetzwerk zu verlassen, um Führung und Ermutigung zu erhalten, während Sie dieses neue Kapitel Ihrer Karriere meistern.

Zusammenfassend lässt sich sagen, dass Onboarding und Orientierung entscheidende Schritte auf Ihrem Weg als neuer Mitarbeiter in die Rechtswelt sind. Indem Sie sich mit Ihrem neuen Arbeitsplatz vertraut machen, Beziehungen zu Ihren Kollegen aufbauen und klare Erwartungen an Ihre Rolle formulieren, können Sie sofort loslegen und sich auf den Erfolg in Ihrer neuen Position einstellen. Nutzen Sie also die Gelegenheit, zu lernen und zu wachsen, und machen Sie sich bereit, in der Rechtswelt Spuren zu hinterlassen!

Zeitmanagement und Organisation: Das juristische Chaos meistern

Willkommen in der chaotischen Welt der Rechtspraxis, wo Fristen wie Gewitterwolken drohen und Zeit immer von entscheidender Bedeutung ist. In dieser schnelllebigen Umgebung ist die Beherrschung von Zeitmanagement und Organisation nicht nur eine Fähigkeit – es ist eine Überlebenstaktik. Also schnappen Sie sich Ihren Kalender und Ihre To-Do-Liste, denn wir tauchen ein in die Kunst, das Chaos zu bändigen und siegreich daraus hervorzugehen.

Beginnen wir mit den Grundlagen – Zeitmanagement. In der Rechtswelt ist Zeit Ihre wertvollste Ressource, und wie Sie sie einteilen, kann über Ihren Erfolg entscheiden. Der Schlüssel liegt darin, gnadenlos Prioritäten zu setzen. Beginnen Sie jeden Tag damit, Ihre wichtigsten Aufgaben zu identifizieren und diese zuerst anzugehen. Ob Sie nun einen Brief verfassen, Recherchen durchführen oder sich mit einem Kunden treffen, konzentrieren Sie Ihre Energie auf die Aufgaben, die den größten Einfluss auf Ihre Arbeit haben.

Als nächstes sprechen wir über das Setzen von Zielen. Klare, umsetzbare Ziele sind unerlässlich, um im Rechtsberuf konzentriert und motiviert zu bleiben. Ob es darum geht, einen neuen Klienten zu gewinnen, einen Fall zu gewinnen oder ein neues Rechtsgebiet zu meistern, setzen Sie sich konkrete, messbare Ziele, die mit Ihren langfristigen Zielen übereinstimmen. Teilen Sie sie in kleinere, überschaubare Aufgaben auf und verfolgen Sie dabei Ihren Fortschritt.

Kommen wir nun zur Planung. Ein gut durchdachter Plan kann den Unterschied zwischen einem reibungslosen Ablauf und einer Katastrophe ausmachen. Nehmen Sie sich die Zeit, Ihren Tag, Ihre Woche und Ihren Monat zu planen und Termine, Besprechungen und andere Verpflichtungen zu notieren. Verwenden Sie Tools wie Kalender, Aufgabenlisten und Projektmanagementsoftware, um organisiert und auf Kurs zu bleiben. Und vergessen Sie nicht, Pufferzeiten für unerwartete Verzögerungen oder Notfälle einzuplanen – es ist besser, die Zeit zu überschätzen als zu unterschätzen.

Ein Aspekt des Zeitmanagements, der oft übersehen wird, ist die Bedeutung des Setzens von Grenzen. In einem Beruf, in dem Arbeitssucht praktisch ein Ehrenzeichen ist, kann man leicht in die Falle tappen, rund um die Uhr zu arbeiten. Aber Burnout ist eine echte Gefahr, und es ist wichtig, dass Sie Ihrem körperlichen und geistigen Wohlbefinden Priorität einräumen. Setzen Sie Grenzen für Ihre Arbeitszeit, machen Sie regelmäßig Pausen und nehmen Sie sich Zeit für Aktivitäten außerhalb der Arbeit, die Ihre Batterien wieder aufladen.

Reden wir über Delegation. Als Anwalt wird nicht erwartet, dass Sie alles selbst machen. Lernen Sie, Aufgaben bei Bedarf an Hilfspersonal, Junior Associates oder sogar an die Technologie zu delegieren. Durch das Delegieren haben Sie nicht nur mehr Zeit, sich auf höherwertige Arbeit zu konzentrieren, sondern es hilft auch, die Fähigkeiten und Kompetenzen Ihrer Teammitglieder zu entwickeln.

Lassen Sie uns nun darüber sprechen, wie Sie organisiert bleiben. In einem Beruf, in dem Papierspuren das A und O sind, ist es von entscheidender Bedeutung, Ihre Dateien, Dokumente und Notizen organisiert zu halten. Entwickeln Sie ein System zum Ordnen Ihrer digitalen und physischen Dateien, sei es nach Fall, Kunde oder Thema. Verwenden Sie Etiketten, Ordner und Farbcodierung, um alles ordentlich und aufgeräumt zu halten, und stellen Sie sicher, dass Ihr System leicht zugänglich und skalierbar ist, wenn Ihre Arbeitsbelastung zunimmt.

Apropos Organisation: Lassen Sie uns über die E-Mail-Verwaltung sprechen. In der Rechtswelt ist E-Mail das wichtigste Kommunikationsmittel, und Ihr Posteingang kann schnell zu einem bodenlosen Fass ungelesener Nachrichten werden. Entwickeln Sie ein System zur Verwaltung Ihrer E-Mails, sei es durch die Verwendung von Ordnern, Etiketten oder Filtern, um eingehende Nachrichten zu priorisieren und zu kategorisieren. Nehmen Sie sich jeden Tag Zeit, um Ihre E-Mails zu bearbeiten, und widerstehen Sie dem Drang, Ihren Posteingang ständig zu überprüfen – das ist ein Produktivitätskiller.

Lassen Sie uns nun über das Neinsagen sprechen. Als Anwalt werden Sie oft in eine Million verschiedene Richtungen gezogen, wobei konkurrierende Anforderungen an Ihre Zeit und Aufmerksamkeit gestellt werden. Zu lernen, Nein zu sagen – höflich, aber bestimmt – ist eine wesentliche Fähigkeit, um Ihre Zeit und Energie zu schützen. Bewerten Sie jede Anfrage, die an Sie herangetragen wird, und seien Sie wählerisch, wofür Sie Ihre Ressourcen einsetzen.

Reden wir über kontinuierliche Verbesserung. Der Rechtsberuf entwickelt sich ständig weiter und um immer einen Schritt voraus zu sein, ist lebenslanges Lernen und Entwicklung erforderlich. Nehmen Sie sich Zeit für berufliche Weiterbildungsaktivitäten, sei es durch die Teilnahme an Seminaren, Online-Kursen oder das Lesen juristischer Fachzeitschriften. Investieren Sie in sich selbst und Ihre Fähigkeiten, und Sie werden in Ihrer Karriere davon profitieren.

Und zu guter Letzt: Lassen Sie uns über Reflexion sprechen. Nehmen Sie sich die Zeit, regelmäßig über Ihr Zeitmanagement und Ihre Organisationspraktiken nachzudenken und herauszufinden, was gut funktioniert und was verbessert werden könnte. Seien Sie ehrlich zu sich selbst, wenn es darum geht, wo Sie zu kurz kommen, und nehmen Sie proaktiv Änderungen vor, um etwaige Schwächen zu beheben. Kontinuierliche Verbesserung ist eine Reise, kein Ziel, und wachsam zu bleiben ist der Schlüssel zur Aufrechterhaltung der Spitzenleistung.

Zusammenfassend lässt sich sagen, dass die Beherrschung von Zeitmanagement und Organisation für den Erfolg im Rechtsberuf unerlässlich ist. Indem Sie gnadenlos Prioritäten setzen, klare Ziele setzen, strategisch planen und organisiert bleiben, können Sie das

Chaos der Rechtspraxis mit Zuversicht und Leichtigkeit meistern. Also, akzeptieren Sie das Chaos, schärfen Sie Ihre Organisationsfähigkeiten und machen Sie sich bereit, die Rechtswelt zu erobern!

Juristische Recherche und Schreiben: Die Macht der Überzeugung entfesseln

Willkommen beim Kerngeschäft des Rechtsberufs: juristische Recherche und Schreiben. In der Rechtswelt ist die Feder wirklich mächtiger als das Schwert, und die Beherrschung der Kunst der juristischen Recherche und des Schreibens ist für den Erfolg unerlässlich. Also schnappen Sie sich Ihren Textmarker und Ihr bewährtes juristisches Wörterbuch, denn wir tauchen in die Welt der Rechtsprechung, Gesetze und überzeugenden Prosa ein.

Beginnen wir mit der juristischen Recherche. Im Kern geht es bei der juristischen Recherche darum, die Nadel im Heuhaufen zu finden – die Rechtsprechung, Gesetze, Vorschriften und andere Rechtsquellen, die Ihre Argumentation stützen oder Ihre Position stärken. Egal, ob Sie einen Schriftsatz verfassen, sich auf einen Prozess vorbereiten oder einen Mandanten beraten, eine solide Grundlage an juristischen Recherchefähigkeiten ist unerlässlich.

Wo also fangen Sie an? Zunächst einmal müssen Sie sich mit dem rechtlichen Problem vertraut machen. Was sind die wesentlichen Fakten des Falls? Welche Rechtsgrundsätze und -lehren sind relevant? Sobald Sie das Problem klar verstanden haben, ist es an der Zeit, sich in die Bücher zu stürzen – oder, wahrscheinlicher, in die Online-Datenbanken.

Die juristische Recherche kann ein bisschen wie Detektivarbeit sein, da Sie Fallrecht, Gesetze und Sekundärquellen durchforsten müssen, um relevante Autoritäten und überzeugende Argumente zu finden. Beginnen Sie mit Primärquellen wie Fallrecht und Gesetzen und verwenden Sie Schlüsselwörter und Boolesche Operatoren, um Ihre Suche einzugrenzen und relevante Autoritäten zu finden. Tauchen Sie dann in Sekundärquellen wie juristische Enzyklopädien,

Abhandlungen und juristische Fachartikel ein, um Ihr Verständnis des Themas zu vertiefen und zusätzliche Autoritäten zu identifizieren.

Achten Sie bei Ihrer Recherche darauf, die Autorität und Relevanz der gefundenen Quellen zu bewerten. Nicht alle Fälle sind gleich, und es ist wichtig, denjenigen den Vorzug zu geben, die für das Gericht, vor dem Sie erscheinen, bindend sind oder in Ihrer Gerichtsbarkeit Überzeugungskraft haben. Suchen Sie nach Fällen mit ähnlichen Fakten oder Rechtsfragen wie Ihrem und achten Sie darauf, wie Gerichte das Gesetz in ähnlichen Situationen interpretiert und angewendet haben.

Lassen Sie uns nun über das Verfassen juristischer Texte sprechen. Juristische Texte sind eine ganz eigene Angelegenheit und erfordern Präzision, Klarheit und Überzeugungskraft. Egal, ob Sie ein Schreiben, ein Memorandum oder einen Vertrag verfassen, das Ziel ist dasselbe: Ihre Argumente auf logische und überzeugende Weise darzulegen, um Ihr Publikum von der Richtigkeit Ihrer Position zu überzeugen.

Der Schlüssel zu effektivem juristischem Schreiben ist die Organisation. Ihr Schreiben sollte einer klaren, logischen Struktur folgen, die den Leser Schritt für Schritt durch Ihre Argumentation führt. Beginnen Sie mit einer starken Einleitung, die den Boden für Ihre Argumentation bereitet und einen Vorgeschmack auf die Themen gibt, die Sie diskutieren werden. Fahren Sie dann mit dem Hauptteil Ihres Schreibens fort, in dem Sie Ihre Argumente und unterstützenden Beweise in kohärenter, organisierter Weise präsentieren. Beenden Sie schließlich mit einer präzisen Zusammenfassung Ihrer Argumentation und einem Aufruf zum Handeln.

Aber Organisation ist nur der Anfang. Juristische Texte erfordern auch Präzision und Liebe zum Detail. Jedes Wort zählt, also wählen Sie Ihre Sprache sorgfältig und achten Sie auf juristische Terminologie und Konventionen. Verwenden Sie Zitate, um Ihre Argumente zu untermauern und Ihre Ansprüche zu belegen, und halten Sie sich an die Formatierung und den Zitierstil, die Ihre Gerichtsbarkeit oder Ihr Gericht vorschreibt.

Überzeugungskraft ist das A und O beim juristischen Schreiben. Um diese Kunst zu beherrschen, müssen Sie Ihr Publikum und dessen Motivationen genau kennen. Versetzen Sie sich in die Lage des Richters, der Jury oder des gegnerischen Anwalts und passen Sie Ihren Text so an, dass er ihre Bedenken und Interessen anspricht. Erwarten Sie Gegenargumente und gehen Sie direkt darauf ein. Verwenden Sie Logik, Beweise und rhetorische Strategien, um Ihre Position zu stärken.

Und vergessen Sie nicht das Redigieren und Korrekturlesen. Juristische Texte sind bekannt für ihre Komplexität und Dichte, daher ist es wichtig, Ihre Arbeit sorgfältig zu überprüfen und zu überarbeiten, um Klarheit und Genauigkeit sicherzustellen. Achten Sie auf Grammatikfehler, Tippfehler und Inkonsistenzen und stellen Sie sicher, dass Ihr Text ausgefeilt und professionell ist, bevor Sie ihn einreichen.

Zusammenfassend lässt sich sagen, dass juristische Recherche und Schreiben unverzichtbare Fähigkeiten für den Erfolg im Rechtsberuf sind. Wenn Sie die Kunst der juristischen Recherche beherrschen, können Sie die Autoritäten und Argumente finden, die Sie zur Unterstützung Ihres Falls benötigen. Und indem Sie Ihre juristischen Schreibfähigkeiten verfeinern, können Sie überzeugende, überzeugende Argumente formulieren, die vor Gericht überzeugen. Nehmen Sie also die Herausforderung an, spitzen Sie Ihre Bleistifte und machen Sie sich bereit, die Macht der Überzeugung im Rechtsbereich zu entfesseln.

Kundenkommunikation: Die Kunst des effektiven Dialogs

Willkommen an der Front des juristischen Schlachtfelds – der Kundenkommunikation. Im Rechtsberuf ist die effektive Kommunikation mit Kunden nicht nur eine Fähigkeit, sondern eine Kunstform. Also schnappen Sie sich Ihren Notizblock und Ihre Ohren, denn wir tauchen ein in die Welt der Kundenbeziehungen, Empathie und klaren Kommunikation.

Beginnen wir mit den Grundlagen – dem Aufbau einer Beziehung. Vertrauen und eine Beziehung zu Ihren Klienten aufzubauen, ist die Grundlage für eine effektive Kommunikation. Nehmen Sie sich die Zeit, Ihre Klienten als Individuen kennenzulernen – lernen Sie ihre Namen, ihre Geschichten und ihre Sorgen kennen. Zeigen Sie echtes Interesse an ihrem Fall und ihrem Wohlergehen und lassen Sie sie wissen, dass Sie bei jedem Schritt auf ihrer Seite sind.

Lassen Sie uns nun über aktives Zuhören sprechen. Effektive Kommunikation beginnt mit Zuhören, und ich meine wirkliches Zuhören. Wenn Ihre Kunden sprechen, schenken Sie ihnen Ihre volle Aufmerksamkeit – legen Sie Ihr Telefon weg, schließen Sie Ihren Laptop und stellen Sie Augenkontakt her. Stellen Sie offene Fragen, um sie zu ermutigen, ihre Gedanken und Gefühle mitzuteilen, und scheuen Sie sich nicht, innezuhalten und über das Gesagte nachzudenken, bevor Sie antworten. Denken Sie daran, es geht nicht nur darum, ihre Worte zu hören, sondern auch darum, ihre Perspektive und ihre Bedürfnisse zu verstehen.

Als nächstes sprechen wir über Transparenz. Transparenz ist der Schlüssel zum Aufbau von Vertrauen bei Ihren Mandanten. Seien Sie offen und ehrlich über die Stärken und Schwächen ihres Falls, die potenziellen Risiken und Vorteile sowie die wahrscheinlichen Ergebnisse. Vermeiden Sie juristischen Fachjargon und komplexe

Terminologie – erklären Sie die Dinge in einfacher Sprache, die Ihre Mandanten verstehen können. Und zögern Sie nicht, um Klärung zu bitten, wenn sie verwirrt oder unsicher erscheinen.

Lassen Sie uns nun über das Setzen von Erwartungen sprechen. Die Steuerung der Erwartungen Ihrer Kunden ist entscheidend, um spätere Missverständnisse und Frustrationen zu vermeiden. Seien Sie klar und realistisch in Bezug darauf, was Sie für sie tun können und was nicht, wie der Zeitplan für ihren Fall aussieht und welche Kosten entstehen. Informieren Sie sie regelmäßig über den Fortschritt ihres Falles und gehen Sie proaktiv auf etwaige Bedenken oder Fragen ein, die sie im Laufe des Verfahrens haben könnten.

Reden wir über Empathie. Empathie ist das Geheimrezept für eine effektive Kommunikation mit Mandanten – sie unterscheidet gute von großartigen Anwälten. Versetzen Sie sich in die Lage Ihrer Mandanten und versuchen Sie, ihre Perspektive, ihre Emotionen und ihre Motivationen zu verstehen. Zeigen Sie Mitgefühl und Empathie für ihre Kämpfe und Herausforderungen und versichern Sie ihnen, dass Sie für sie da sind, um sie durch dick und dünn zu unterstützen.

Als nächstes sprechen wir über Grenzen. Es ist zwar wichtig, einfühlsam und unterstützend zu sein, aber es ist auch wichtig, professionelle Grenzen gegenüber Ihren Klienten zu wahren. Machen Sie Ihre Rolle als ihr Fürsprecher und Berater deutlich und vermeiden Sie es, sich zu sehr in ihre Angelegenheiten einzumischen. Setzen Sie Grenzen hinsichtlich Ihrer Verfügbarkeit und Erreichbarkeit und scheuen Sie sich nicht, diese bei Bedarf durchzusetzen.

Lassen Sie uns über Kommunikationskanäle sprechen. Im heutigen digitalen Zeitalter gibt es unzählige Möglichkeiten, mit Kunden zu kommunizieren – Telefonanrufe, E-Mails, Textnachrichten, Videokonferenzen, was auch immer. Wählen Sie die Kommunikationskanäle, die für Sie und Ihre Kunden am besten geeignet sind, und seien Sie auf allen Plattformen reaktionsschnell und erreichbar. Und vergessen Sie nicht persönliche Treffen – es gibt keinen

Ersatz für die persönliche Verbindung, die durch ein persönliches Treffen mit Ihren Kunden entsteht.

Lassen Sie uns abschließend über die Dokumentation sprechen. Die Dokumentation Ihrer Kommunikation mit Kunden ist nicht nur eine gute Praxis, sondern auch unerlässlich, um sich selbst und Ihre Kunden im Streitfall zu schützen. Führen Sie detaillierte Aufzeichnungen Ihrer Gespräche, Besprechungen und Korrespondenz, einschließlich Datum, Uhrzeit und wichtigsten Erkenntnissen. Gehen Sie bei Ihrer Dokumentation gründlich und genau vor und befolgen Sie unbedingt alle rechtlichen und ethischen Anforderungen zur Aufzeichnungsführung.

Zusammenfassend lässt sich sagen, dass eine effektive Kommunikation mit dem Mandanten der Eckpfeiler des Erfolgs im Rechtsberuf ist. Indem Sie Vertrauen und Harmonie aufbauen, aufmerksam zuhören, transparent und einfühlsam sind, klare Erwartungen setzen, professionelle Grenzen wahren, die richtigen Kommunikationskanäle wählen und Ihre Kommunikation dokumentieren, können Sie starke, positive Beziehungen zu Ihren Mandanten aufbauen, die zu erfolgreichen Ergebnissen führen. Machen Sie sich also die Kunst des effektiven Dialogs zu eigen und machen Sie sich bereit, das Leben Ihrer Mandanten nachhaltig zu beeinflussen.

Etikette im Gerichtssaal: Sich mit Anmut und Professionalität durch die Hallen der Justiz bewegen

Willkommen in den heiligen Hallen der Justiz, wo Anstand und Etikette im Gerichtssaal über Erfolg oder Misserfolg Ihres Falles entscheiden. Im Rechtsberuf ist es wichtig, zu wissen, wie man sich im Gerichtssaal verhält, um den Respekt von Richtern, Geschworenen und Ihren Anwaltskollegen zu gewinnen. Also holen Sie Ihren besten Anzug hervor und verbessern Sie Ihre Manieren, denn wir tauchen in die Welt der Gerichtsetikette ein.

Beginnen wir mit den Grundlagen – der Kleiderordnung. Im Gerichtssaal zählt der erste Eindruck, und Ihr Erscheinungsbild spricht Bände über Ihre Professionalität und Ihren Respekt für das Gerichtsverfahren. Sich angemessen zu kleiden ist ein Zeichen des Respekts für das Gericht und das Verfahren, daher ist es wichtig, die Kleiderordnung einzuhalten. Für Männer bedeutet dies normalerweise einen dunklen Anzug, ein Oberhemd und eine konservative Krawatte. Für Frauen sind ein maßgeschneiderter Anzug, eine Bluse und geschlossene Schuhe die Norm. Vermeiden Sie auffällige Accessoires, übermäßigen Schmuck und alles, was zu leger oder freizügig ist. Denken Sie daran, dass es im Gerichtssaal besser ist, overdressed als underdressed zu sein.

Als nächstes sprechen wir über Pünktlichkeit. In der Rechtswelt ist Zeit von entscheidender Bedeutung und zu spät zu kommen ist eine Kardinalsünde. Erscheinen Sie früh zu Gerichtsterminen, Besprechungen und Terminen, damit Sie Zeit für Sicherheitskontrollen, Check-ins und eventuelle Vorbereitungen in letzter Minute haben. Pünktlichkeit zeigt nicht nur Respekt gegenüber dem Gericht und Ihren Kollegen, sondern gibt Ihnen auch Zeit, Ihre

Gedanken zu sammeln und sich zu beruhigen, bevor das Verfahren beginnt.

Lassen Sie uns nun über den Anstand im Gerichtssaal sprechen. Im Gerichtssaal ist angemessener Anstand unerlässlich, um die Ordnung aufrechtzuerhalten und ein faires und unparteiisches Verfahren zu gewährleisten. Wenn Sie sich an den Richter oder die Jury wenden, stehen Sie und sprechen Sie sie respektvoll an – „Euer Ehren" oder „Meine Damen und Herren der Jury". Unterbrechen Sie andere nicht, während sie sprechen, und warten Sie, bis Sie an der Reihe sind. Und sprechen Sie gegnerische Anwälte und Zeugen immer höflich und professionell an, auch wenn Sie ihnen vehement widersprechen.

Lassen Sie uns über das Verhalten im Gerichtssaal sprechen. In der Hitze des Gefechts kann man leicht seinen Emotionen freien Lauf lassen, aber für eine effektive Verteidigung ist es entscheidend, ruhig und gelassen zu bleiben. Bewahren Sie einen kühlen Kopf, auch bei aggressiven Fragen oder provokativen Bemerkungen. Bewahren Sie einen neutralen Gesichtsausdruck und vermeiden Sie es, mit den Augen zu rollen, zu seufzen oder andere Gesten zu machen, die als respektlos oder verächtlich interpretiert werden könnten. Denken Sie daran, der Gerichtssaal ist nicht der Ort für Theatralik oder Effekthascherei – heben Sie sich das für die Bühne auf.

Lassen Sie uns nun über die Technologie im Gerichtssaal sprechen. Im heutigen digitalen Zeitalter spielt Technologie im Gerichtssaal eine immer wichtigere Rolle, von elektronischen Ablagesystemen bis hin zu Multimedia-Präsentationen. Machen Sie sich mit der in Ihrem Gerichtssaal verwendeten Technologie vertraut, sei es Dokumentenkameras, Videokonferenzsoftware oder digitale Exponate. Üben Sie den Umgang mit der Technologie vor Ihrem Gerichtsauftritt, um reibungslose und nahtlose Präsentationen zu gewährleisten.

Lassen Sie uns über die Kommunikation im Gerichtssaal sprechen. Effektive Kommunikation ist der Schlüssel zum Erfolg im Gerichtssaal, egal ob Sie Argumente vortragen, Zeugen vernehmen oder vor der Jury sprechen. Sprechen Sie klar und selbstbewusst und verwenden Sie eine Sprache, die für Ihr Publikum angemessen ist. Vermeiden Sie juristischen Fachjargon und komplexe Terminologie – erklären Sie Konzepte in einfacher Sprache, die Richter und Jury verstehen. Und seien Sie immer darauf vorbereitet, Ihre Argumente mit Beweisen und rechtlicher Autorität zu untermauern.

Als nächstes sprechen wir über das Verfahren im Gerichtssaal. Jeder Gerichtssaal hat seine eigenen Regeln und Verfahren, und es ist wichtig, dass Sie sich vor Ihrem Auftritt mit ihnen vertraut machen. Lesen Sie die örtlichen Gerichtsregeln, die Geschäftsordnung des Richters und alle geltenden Gesetze oder Rechtssprechungen, die das Verfahren regeln. Und zögern Sie nicht, Fragen zu stellen, wenn Sie sich über einen Aspekt des Verfahrens nicht sicher sind – es ist besser, um Klärung zu bitten, als einen kostspieligen Fehler zu machen.

Lassen Sie uns nun über die Vertretung vor Gericht sprechen. Als Anwalt besteht Ihre Hauptaufgabe vor Gericht darin, die Interessen Ihres Mandanten mit Nachdruck zu vertreten. Vertretung bedeutet jedoch nicht, aggressiv zu sein. Es bedeutet, Ihren Fall überzeugend und effektiv zu präsentieren und dabei die Regeln des Anstands und der Professionalität einzuhalten. Hören Sie den Argumenten des gegnerischen Anwalts aufmerksam zu, reagieren Sie überlegt und behalten Sie stets das Wohl Ihres Mandanten im Auge.

Lassen Sie uns über die Ethik im Gerichtssaal sprechen. Im Streben nach Gerechtigkeit ist es unerlässlich, die höchsten ethischen und Integritätsstandards einzuhalten. Vermeiden Sie unehrliches, betrügerisches oder unethisches Verhalten und halten Sie sich stets an die Berufsregeln und den Ethikkodex für Anwälte. Respektieren Sie die Rechte aller am Verfahren beteiligten Parteien und gefährden Sie niemals Ihre Integrität, um einen Fall zu gewinnen.

Lassen Sie uns abschließend über die Etikette außerhalb des Gerichtssaals sprechen. Im Rechtsberuf kann Ihr Verhalten außerhalb des Gerichtssaals genauso große Auswirkungen auf Ihren Ruf haben wie Ihr Verhalten im Gerichtssaal. Behandeln Sie Gerichtspersonal, Kollegen und gegnerische Anwälte jederzeit mit Respekt und Höflichkeit, egal ob Sie sich auf dem Flur, im Konferenzraum oder im örtlichen Café befinden. Und denken Sie immer daran, dass Sie ein Vertreter des Rechtsberufs sind – verhalten Sie sich entsprechend.

Zusammenfassend lässt sich sagen, dass die Etikette im Gerichtssaal eine wesentliche Fähigkeit für den Erfolg im Rechtsberuf ist. Indem Sie sich an die Grundsätze von Professionalität, Respekt und Integrität halten, können Sie sich mit Anmut und Würde durch die Hallen der Justiz bewegen. Stehen Sie also aufrecht, sprechen Sie deutlich und verhalten Sie sich jederzeit äußerst professionell. Der Gerichtssaal ist Ihre Bühne – sorgen Sie dafür, dass jeder Auftritt zählt.

Verhandlungstechniken: Die Kunst der Überzeugung meistern

Willkommen auf dem Schlachtfeld der Verhandlungen, wo Worte Waffen sind und Strategie König ist. Im Rechtsberuf ist die Beherrschung der Verhandlungskunst unerlässlich, um für Ihre Mandanten ein positives Ergebnis zu erzielen. Schärfen Sie also Ihren Verstand und bereiten Sie sich darauf vor, Ihre Gegner auszumanövrieren, denn wir tauchen in die Welt der Verhandlungstechniken ein.

Beginnen wir mit den Grundlagen – der Vorbereitung. Erfolgreiche Verhandlungen sind kein Zufall – sie sind das Ergebnis sorgfältiger Planung und Vorbereitung. Nehmen Sie sich vor Beginn der Verhandlungen die Zeit, die anstehenden Themen gründlich zu recherchieren, die Ziele und Prioritäten Ihres Kunden zu verstehen und die Argumente und Taktiken der anderen Partei vorauszusehen. Wissen ist Macht, und je mehr Sie wissen, desto besser sind Sie für effektive Verhandlungen gerüstet.

Lassen Sie uns nun über das Setzen von Zielen sprechen. Bevor Sie sich an den Verhandlungstisch setzen, ist es wichtig, dass Sie sich darüber im Klaren sind, was Sie erreichen möchten. Setzen Sie sich konkrete, messbare Ziele für die Verhandlungen, sei es die Erzielung einer günstigen Einigung, das Erlangen bestimmter Zugeständnisse oder das Erreichen einer für beide Seiten vorteilhaften Vereinbarung. Kennen Sie Ihre unterste Grenze – den Punkt, an dem Sie bereit sind, aufzuhören – und seien Sie bereit, daran festzuhalten.

Als nächstes sprechen wir über den Aufbau einer Beziehung. Der Aufbau einer Beziehung zur anderen Partei ist entscheidend, um Vertrauen aufzubauen und eine positive Verhandlungsumgebung zu schaffen. Finden Sie Gemeinsamkeiten, zeigen Sie Einfühlungsvermögen und Verständnis und seien Sie jederzeit respektvoll und höflich. Denken Sie daran, dass Verhandlungen kein Nullsummenspiel sind – es geht darum, Lösungen zu finden, die die Interessen beider Parteien zufriedenstellen.

Reden wir über aktives Zuhören. Bei erfolgreichen Verhandlungen geht es nicht nur ums Reden, sondern auch ums Zuhören. Hören Sie aufmerksam zu, was die Sorgen, Interessen und Prioritäten der anderen Partei angeht, und versuchen Sie, ihre Perspektive zu verstehen. Stellen Sie offene Fragen, um sie zu ermutigen, ihre Gedanken und Gefühle mitzuteilen, und zeigen Sie, dass Sie wirklich daran interessiert sind, eine Lösung zu finden, die für beide Seiten funktioniert.

Lassen Sie uns nun über Framing sprechen. Framing ist eine wirkungsvolle Überzeugungstechnik, bei der es darum geht, die Wahrnehmung der anderen Partei zu beeinflussen. Präsentieren Sie Ihre Argumente und Vorschläge so, dass ihre Vorteile hervorgehoben und ihre Nachteile heruntergespielt werden. Verwenden Sie positive Sprache und überzeugende Rhetorik, um Ihren Standpunkt zu vertreten, und seien Sie darauf vorbereitet, Einwänden oder Kritik mit überzeugenden Argumenten und Beweisen entgegenzutreten.

Reden wir über Zugeständnisse. Bei Verhandlungen geht es um Geben und Nehmen, und Zugeständnisse sind ein unvermeidlicher Teil des Prozesses. Seien Sie bereit, Zugeständnisse zu machen, wenn es nötig ist, aber tun Sie dies strategisch. Beginnen Sie mit kleinen, wenig wertvollen Zugeständnissen und arbeiten Sie sich allmählich zu größeren vor. Und verlangen Sie immer etwas im Gegenzug – Verhandlungen sind keine Einbahnstraße, und Sie sollten nie etwas umsonst hergeben.

Als nächstes sprechen wir über Verhandlungstaktiken. Es gibt unzählige Taktiken und Strategien, die Sie anwenden können, um sich bei Verhandlungen einen Vorteil zu verschaffen, von Ankern und Spiegeln bis hin zu Bluffen und Blockieren. Probieren Sie verschiedene Taktiken und Techniken aus, um herauszufinden, was für Sie und Ihren Verhandlungsstil am besten funktioniert, und seien Sie bereit, Ihren

Ansatz den Umständen und dem Verhalten der anderen Partei anzupassen.

Reden wir über kreative Problemlösung. Manchmal liegt der Schlüssel zu einer erfolgreichen Verhandlung nicht darin, einen gemeinsamen Nenner zu finden, sondern darin, über den Tellerrand zu blicken und kreative Lösungen für die anstehenden Probleme zu finden. Überlegen Sie sich alternative Optionen, ziehen Sie Kompromisse in Betracht und seien Sie offen für innovative Ideen, die Ihnen vielleicht zunächst nicht in den Sinn gekommen sind. Je flexibler und kreativer Sie sind, desto wahrscheinlicher ist es, dass Sie eine Lösung finden, die die Interessen beider Parteien erfüllt.

Lassen Sie uns abschließend über den Abschluss des Geschäfts sprechen. Der Abschluss des Geschäfts ist oft der schwierigste Teil des Verhandlungsprozesses, aber auch der wichtigste. Wenn Sie eine Einigung erzielt haben, fassen Sie die Bedingungen klar zusammen und stellen Sie sicher, dass beide Parteien sie verstehen und ihnen zustimmen. Halten Sie die Vereinbarung nach Möglichkeit schriftlich fest und seien Sie darauf vorbereitet, alle erforderlichen Unterlagen oder Maßnahmen zur Finalisierung des Geschäfts nachzureichen. Und beenden Sie die Verhandlungen immer positiv, indem Sie der anderen Partei Dankbarkeit und Wohlwollen ausdrücken.

Zusammenfassend lässt sich sagen, dass Verhandeln sowohl eine Kunst als auch eine Wissenschaft ist und sorgfältige Planung, strategisches Denken und effektive Kommunikation erfordert. Durch die Beherrschung von Verhandlungstechniken wie Vorbereitung, Zielsetzung, Vertrauensbildung, aktives Zuhören, Framing, Zugeständnisse, Taktiken, kreative Problemlösung und Vertragsabschluss können Sie für Ihre Kunden positive Ergebnisse erzielen und Ihren Ruf als kompetenter Verhandlungsführer in der Rechtsbranche aufbauen. Wappnen Sie sich also mit Wissen, schärfen Sie Ihre Überzeugungskraft und machen Sie sich bereit, bei Ihrer nächsten Verhandlung den Sieg davonzutragen.

Aufbau Ihres beruflichen Netzwerks: Verbindungen knüpfen und Erfolg fördern

Willkommen in der Welt des professionellen Networkings, wo Beziehungen eine Währung sind und Verbindungen Türen zu neuen Möglichkeiten öffnen können. Im Rechtsberuf ist der Aufbau eines starken professionellen Netzwerks unerlässlich, um Ihre Karriere voranzutreiben, wertvolle Erkenntnisse zu gewinnen und Türen zu neuen Möglichkeiten zu öffnen. Also schnappen Sie sich Ihre Visitenkarten und Ihren Elevator Pitch, denn wir tauchen in die Welt des Networkings ein.

Beginnen wir mit den Grundlagen – der Definition Ihrer Ziele. Bevor Sie mit dem Networking beginnen, sollten Sie sich etwas Zeit nehmen und darüber nachdenken, was Sie erreichen möchten. Möchten Sie Ihren Kundenstamm erweitern, einen Mentor finden oder neue Karrieremöglichkeiten erkunden? Wenn Sie klare Ziele haben, können Sie Ihre Networking-Bemühungen besser fokussieren und Ihre Zeit und Energie optimal nutzen.

Lassen Sie uns nun darüber sprechen, wo Sie netzwerken können. Im Rechtsberuf gibt es zahlreiche Möglichkeiten zum Netzwerken, von Veranstaltungen der Anwaltskammer und juristischen Konferenzen bis hin zu Alumni-Treffen und Networking-Veranstaltungen. Suchen Sie nach Veranstaltungen und Organisationen, die Ihren Interessen und Zielen entsprechen, und nehmen Sie regelmäßig daran teil. Und vergessen Sie nicht das Online-Networking – Social-Media-Plattformen wie LinkedIn können wirkungsvolle Tools sein, um mit Kollegen, Kunden und potenziellen Arbeitgebern in Kontakt zu treten.

Lassen Sie uns darüber sprechen, wie Sie einen guten ersten Eindruck machen. In der Welt des Networkings ist der erste Eindruck alles. Kleiden Sie sich professionell, lächeln Sie und halten Sie Augenkontakt, wenn Sie neue Leute treffen. Seien Sie zugänglich und freundlich und stellen Sie sich mit einem festen Händedruck und einem selbstbewussten Auftreten vor. Und vergessen Sie nicht, zuzuhören – stellen Sie Fragen, zeigen Sie echtes Interesse an der anderen Person und achten Sie auf deren Antworten.

Kommen wir nun zum Elevator Pitch. Ihr Elevator Pitch ist Ihre Chance, einen bleibenden Eindruck zu hinterlassen und ein Gespräch mit jemandem anzustoßen, den Sie noch nicht kennen. Halten Sie ihn kurz, nett und auf den Punkt – nicht länger als 30 Sekunden. Stellen Sie sich vor, erwähnen Sie, was Sie tun, und heben Sie hervor, was Sie von der Masse abhebt. Und vergessen Sie nicht, Ihren Pitch auf Ihr Publikum zuzuschneiden – was bei einer Person ankommt, kommt bei einer anderen vielleicht nicht an.

Lassen Sie uns über Networking-Etikette sprechen. Beim Networking geht es vor allem darum, Beziehungen aufzubauen, und das erfordert Respekt, Höflichkeit und Professionalität. Achten Sie auf die Zeit und den Raum der Leute – monopolisieren Sie das Gespräch nicht und unterbrechen Sie andere nicht, während sie sprechen. Und senden Sie nach Networking-Events immer eine Dankes-E-Mail oder LinkedIn-Nachricht – das ist eine einfache Geste, die viel dazu beitragen kann, Vertrauen aufzubauen und die Verbindung aufrechtzuerhalten.

Als nächstes sprechen wir über Mehrwert. Beim effektiven Networking geht es nicht nur darum, was Sie bekommen, sondern auch darum, was Sie geben können. Suchen Sie nach Möglichkeiten, Ihrem Netzwerk Mehrwert zu verleihen, sei es durch die Weitergabe Ihres Fachwissens, durch Vermittlung von Kontakten oder durch das Anbieten von Hilfe und Unterstützung. Seien Sie großzügig mit Ihrer Zeit und Ihren Ressourcen, und Sie werden feststellen, dass Ihr Netzwerk Ihnen dies gerne erwidert.

Reden wir darüber, wie Sie in Kontakt bleiben. Der Aufbau eines beruflichen Netzwerks ist ein fortlaufender Prozess und es ist wichtig, im Laufe der Zeit mit Ihren Kontakten in Verbindung zu bleiben. Bleiben Sie mit Ihrem Netzwerk durch regelmäßige E-Mails, Telefonanrufe oder Treffen bei einer Tasse Kaffee in Kontakt. Teilen Sie Neuigkeiten über Ihre Karriere, gratulieren Sie ihnen zu ihren Erfolgen und bieten Sie bei Bedarf Unterstützung an. Und vergessen Sie nicht, die Beziehungen zu pflegen, die am wichtigsten sind – diese sind diejenigen, die sich auf lange Sicht auszahlen werden.

Lassen Sie uns nun darüber sprechen, wie Sie Ihr Netzwerk nutzen können. Ihr berufliches Netzwerk kann Ihnen im Laufe Ihrer Karriere eine wertvolle Quelle für Ratschläge, Unterstützung und Chancen sein. Scheuen Sie sich nicht, Ihre Kontakte zu kontaktieren, wenn Sie Hilfe oder Rat benötigen, sei es bei der Jobsuche, einem Karrierewechsel oder einem schwierigen Fall. Und bieten Sie anderen in Ihrem Netzwerk proaktiv Ihre Unterstützung und Hilfe an – das ist ein todsicherer Weg, Ihre Beziehungen zu stärken und Vertrauen aufzubauen.

Lassen Sie uns abschließend über das Zurückgeben sprechen. Vergessen Sie nicht, während Sie in Ihrer Karriere vorankommen und Ihr berufliches Netzwerk aufbauen, etwas zurückzugeben. Betreuen Sie jüngere Kollegen, stellen Sie Ihre Zeit und Ihr Fachwissen für wohltätige Zwecke zur Verfügung und unterstützen Sie Initiativen, die Vielfalt und Inklusion im Rechtsberuf fördern. Indem Sie Ihrem Beruf und Ihrer Gemeinschaft etwas zurückgeben, haben Sie nicht nur einen positiven Einfluss auf die Welt um Sie herum, sondern stärken auch Ihr Netzwerk und verbessern Ihren Ruf als Führungskraft im Rechtsberuf.

Zusammenfassend lässt sich sagen, dass der Aufbau eines starken beruflichen Netzwerks für den Erfolg im Rechtsberuf unerlässlich ist. Indem Sie Ihre Ziele definieren, nach Networking-Möglichkeiten suchen, einen guten ersten Eindruck machen, Ihren Elevator Pitch perfektionieren, die Networking-Etikette üben, Mehrwert schaffen, in

Verbindung bleiben, Ihr Netzwerk nutzen und etwas zurückgeben, können Sie sinnvolle Verbindungen knüpfen, Ihre Karriere vorantreiben und den Erfolg im Rechtsberuf fördern. Gehen Sie also raus, schütteln Sie ein paar Hände und beginnen Sie mit dem Aufbau Ihres Netzwerks – es ist der Schlüssel zu endlosen Möglichkeiten in der Rechtswelt.

Einen Mentor finden: Den Weg zur professionellen Beratung finden

Auf dem Weg zu einer juristischen Karriere kann ein Mentor ein Leuchtfeuer sein, das Sie durch die Höhen und Tiefen des Berufs führt. Ein Mentor bietet unschätzbare Weisheit, Rat und Unterstützung und hilft Ihnen, sich in der Komplexität der juristischen Welt zurechtzufinden und einen Kurs zum Erfolg einzuschlagen. Aber den richtigen Mentor zu finden ist nicht immer einfach – es erfordert Geduld, Ausdauer und einen proaktiven Ansatz. Lassen Sie uns also die Kunst der Mentorensuche und die Schritte erkunden, die Sie unternehmen können, um eine sinnvolle Mentorenbeziehung aufzubauen.

Machen Sie sich zunächst klar, was Sie von einem Mentor erwarten. Überlegen Sie sich, welche Karriereziele und -ambitionen Sie verfolgen und in welchen Bereichen Sie von Beratung und Unterstützung profitieren könnten. Suchen Sie jemanden mit Fachwissen in einem bestimmten Rechtsgebiet? Oder vielleicht suchen Sie jemanden, der Ihnen dabei hilft, die Herausforderungen der Work-Life-Balance oder des beruflichen Aufstiegs zu meistern. Indem Sie Ihre Ziele klar definieren, können Sie gezielter nach einem Mentor suchen, der Ihren Bedürfnissen und Ambitionen entspricht.

Wenn Sie eine klare Vorstellung davon haben, wonach Sie suchen, beginnen Sie mit der Suche in Ihrem bestehenden Netzwerk. Ihr Mentor könnte ein ehemaliger Professor, Kollege, Vorgesetzter oder sogar ein Freund der Familie sein. Wenden Sie sich an Ihre Kontakte und teilen Sie ihnen mit, dass Sie nach einem Mentor suchen. Geben Sie genau an, wonach Sie suchen und warum Sie denken, dass diese Person als Mentor geeignet wäre. Sie werden vielleicht überrascht sein, wie aufgeschlossen die Menschen gegenüber der Idee des Mentorings sind und wie bereitwillig sie ihr Wissen und ihre Erfahrung mit Ihnen teilen.

Wenn Sie in Ihrem bestehenden Netzwerk keinen Mentor finden, verzweifeln Sie nicht. Suchen Sie nach Mentoring-Möglichkeiten in Berufsverbänden, Anwaltskammern oder Interessengruppen. Diese Gruppen bieten oft Mentoring-Programme oder Networking-Events an, bei denen Sie mit erfahrenen Anwälten in Kontakt kommen können, die bereit sind, als Mentoren zu fungieren. Nehmen Sie regelmäßig an diesen Events teil, beteiligen Sie sich aktiv und bemühen Sie sich, Beziehungen zu potenziellen Mentoren aufzubauen.

Eine weitere Möglichkeit, einen Mentor zu finden, sind Alumni-Netzwerke oder Alumni-Vereinigungen von juristischen Fakultäten. Wenden Sie sich an Alumni, die in Bereichen oder Praxisbereichen arbeiten, die Sie interessieren, und fragen Sie, ob sie bereit wären, Sie zu betreuen. Alumni sind oft bestrebt, ihrer Alma Mater etwas zurückzugeben und der nächsten Generation von Anwälten zum Erfolg zu verhelfen. Nutzen Sie diese Ressource und nutzen Sie Ihre Verbindungen innerhalb der Alumni-Community, um einen Mentor zu finden, der Sie auf Ihrem Karriereweg begleiten kann.

Unterschätzen Sie nicht die Macht der sozialen Medien bei der Suche nach einem Mentor. Plattformen wie LinkedIn bieten eine Fülle von Networking-Möglichkeiten und ermöglichen Ihnen die Kontaktaufnahme mit Anwälten aus der ganzen Welt. Verwenden Sie LinkedIn, um nach Anwälten zu suchen, die in Ihrem gewünschten Tätigkeitsbereich arbeiten oder Erfahrung in Bereichen haben, in denen Sie Beratung suchen. Senden Sie ihnen eine personalisierte Nachricht, in der Sie sich vorstellen und erklären, warum Sie an einer Kontaktaufnahme mit ihnen interessiert sind. Gehen Sie respektvoll mit ihrer Zeit um und machen Sie deutlich, dass Sie nach einem Mentor suchen, nicht nur nach einem Job oder einem Gefallen.

Sobald Sie potenzielle Mentoren identifiziert haben, ergreifen Sie die Initiative, nehmen Sie Kontakt auf und beginnen Sie ein Gespräch.

Seien Sie proaktiv und beharrlich – lassen Sie sich nicht entmutigen, wenn Sie nicht sofort eine Antwort erhalten. Bleiben Sie höflich und respektvoll und zeigen Sie Ihr echtes Interesse an einer Mentorenbeziehung. Bieten Sie ein Treffen zum Kaffee oder Mittagessen an, um Ihre Ziele und Interessen weiter zu besprechen. Denken Sie daran, dass der Aufbau einer Mentorenbeziehung Zeit und Mühe erfordert, also seien Sie bei Ihrem Streben geduldig und beharrlich.

Wenn Sie einen potenziellen Mentor treffen, seien Sie bereit, zuzuhören und zu lernen. Stellen Sie durchdachte Fragen, holen Sie sich Rat und Ansichten von ihm ein und seien Sie offen für konstruktives Feedback. Zeigen Sie Dankbarkeit für seine Zeit und Weisheit und drücken Sie Ihre aufrichtige Wertschätzung für seine Bereitschaft aus, Sie zu betreuen. Der Aufbau einer starken Mentorenbeziehung ist eine Einbahnstraße. Investieren Sie also Zeit und Mühe in die Pflege der Beziehung und zeigen Sie Ihr Engagement für die Anleitung und Unterstützung Ihres Mentors.

Vergessen Sie nicht, auf Ihrem weiteren Weg in den Rechtsberuf etwas zurückzugeben. Wenn Sie einen Mentor gefunden haben, der Ihre Karriere positiv beeinflusst hat, können Sie auch anderen, die gerade erst anfangen, als Mentor zur Seite stehen. Teilen Sie Ihr Wissen, Ihre Erfahrung und Ihre Erkenntnisse mit der nächsten Generation von Anwälten und helfen Sie ihnen, die Herausforderungen und Chancen des Rechtsberufs zu meistern. Indem Sie etwas zurückgeben und andere auf ihrem Weg unterstützen, ehren Sie nicht nur das Vermächtnis Ihres eigenen Mentors, sondern tragen auch zum Wachstum und Erfolg der gesamten Rechtsgemeinschaft bei.

Zusammenfassend lässt sich sagen, dass die Suche nach einem Mentor ein entscheidender Schritt auf dem Weg zu einer juristischen Karriere ist. Indem Sie Ihre Ziele klar definieren, Ihr bestehendes Netzwerk nutzen, nach Mentoring-Möglichkeiten suchen und proaktiv und beharrlich vorgehen, können Sie einen Mentor finden, der Ihnen wertvolle Anleitung und Unterstützung bietet, während Sie sich durch die Komplexität des juristischen Berufs navigieren. Scheuen Sie sich also nicht, Kontakt aufzunehmen, Kontakte zu knüpfen und sinnvolle Mentoring-Beziehungen aufzubauen – dies könnte der Schlüssel sein, um Ihr volles Potenzial als Anwalt zu entfalten.

Juristische Weiterbildung: Lebenslanges Lernen im Rechtsberuf

Willkommen in der Welt der Fortbildung für Rechtsanwälte (CLE), wo das Streben nach Wissen nie endet und das Streben nach Exzellenz unaufhörlich ist. Im Rechtsberuf ist es unerlässlich, über die neuesten Entwicklungen in Recht und Praxis auf dem Laufenden zu bleiben, um kompetent zu bleiben, Mandanten effektiv zu betreuen und Ihre Karriere voranzutreiben. Lassen Sie uns also die Bedeutung von CLE untersuchen und wie Sie diese unschätzbare Ressource optimal nutzen können.

Lassen Sie uns zunächst darüber sprechen, warum CLE wichtig ist. Die Rechtslandschaft entwickelt sich ständig weiter, jeden Tag entstehen neue Gesetze, Vorschriften und Präzedenzfälle. Um Ihren Mandanten eine kompetente und effektive Vertretung zu bieten, ist es entscheidend, über diese Änderungen auf dem Laufenden zu bleiben. CLE bietet Ihnen die Möglichkeit, Ihr Verständnis für wesentliche Rechtsgebiete zu vertiefen, sich über neue Trends und Probleme zu informieren und Ihre Fähigkeiten als Rechtspraktiker zu schärfen. Egal, ob Sie ein erfahrener Anwalt oder ein neu zugelassener Anwalt sind, CLE ist unerlässlich, um auf dem heutigen Rechtsmarkt wettbewerbsfähig und relevant zu bleiben.

Lassen Sie uns nun über die verschiedenen Arten von CLE sprechen. CLE-Programme gibt es in verschiedenen Formaten, darunter Live-Seminare, Webinare, Online-Kurse, Konferenzen, Workshops und Selbstlernmaterialien. Jedes Format bietet seine eigenen Vorteile und Flexibilität, sodass Sie Ihr CLE-Erlebnis an Ihren Zeitplan und Ihre Lernpräferenzen anpassen können. Egal, ob Sie lieber an persönlichen Veranstaltungen teilnehmen, an virtuellen Programmen teilnehmen oder in Ihrem eigenen Tempo lernen möchten, es gibt ein CLE-Format, das zu Ihnen passt.

Als nächstes sprechen wir über die Themen, die in CLE behandelt werden. CLE-Programme decken ein breites Themenspektrum ab, von materiellen Rechtsgebieten wie Verträgen, Deliktsrecht und Strafprozessrecht bis hin zu Praxismanagement, Ethik und Professionalität. Egal, ob Sie Ihr Fachwissen in Ihrem primären Tätigkeitsbereich vertiefen oder Ihr Wissen auf neue Rechtsgebiete ausweiten möchten, es gibt ein CLE-Programm, das Ihnen helfen kann, Ihre Ziele zu erreichen. In vielen Gerichtsbarkeiten müssen Anwälte auch eine bestimmte Anzahl von Leistungspunkten in bestimmten Fachgebieten absolvieren. Überprüfen Sie daher unbedingt die CLE-Anforderungen Ihres Staates, um die Einhaltung sicherzustellen.

Lassen Sie uns über die Suche nach CLE-Programmen sprechen. Es gibt zahlreiche Anbieter von CLE-Programmen, darunter Anwaltskammern, juristische Fakultäten, Berufsverbände und private Unternehmen. Viele dieser Anbieter bieten eine breite Palette von Programmen zu verschiedenen Themen und Formaten an, sodass Sie leicht CLE-Möglichkeiten finden können, die Ihren Bedürfnissen und Interessen entsprechen. Darüber hinaus bieten Online-Plattformen wie West LegalEdcenter, Lawline und Practising Law Institute (PLI) umfangreiche Bibliotheken mit CLE-Kursen, auf die Sie jederzeit und überall zugreifen können.

Lassen Sie uns nun darüber sprechen, wie Sie den Wert von CLE maximieren können. Die Teilnahme an CLE-Programmen ist nur der erste Schritt – um den Wert von CLE zu maximieren, müssen Sie sich aktiv engagieren und das Gelernte anwenden. Machen Sie sich während der CLE-Sitzungen Notizen, beteiligen Sie sich an Diskussionen und stellen Sie Fragen, um Unklarheiten zu beseitigen. Nehmen Sie sich nach dem Programm die Zeit, darüber nachzudenken, was Sie gelernt haben und wie Sie es in Ihrer Praxis anwenden können. Besprechen Sie wichtige Erkenntnisse mit Kollegen oder Mentoren und erkunden Sie Möglichkeiten, neue Kenntnisse und Fähigkeiten in Ihre Arbeit einzubauen.

Lassen Sie uns über die Nachverfolgung von CLE-Credits sprechen. In den meisten Gerichtsbarkeiten müssen Anwälte ihre CLE-Credits nachverfolgen und sie regelmäßig der Anwaltskammer oder Zulassungsbehörde melden. Führen Sie detaillierte Aufzeichnungen über die CLE-Programme, an denen Sie teilnehmen, einschließlich Datum, Titel, Anbieter und Anzahl der erworbenen Credits. Stellen Sie sicher, dass die von Ihnen besuchten Programme von Ihrer Anwaltskammer oder Zulassungsbehörde akkreditiert sind, um die Einhaltung der CLE-Anforderungen sicherzustellen. Viele Staaten bieten auch Online-Portale oder -Systeme an, über die Anwälte ihre CLE-Credits bequem melden können.

Lassen Sie uns abschließend über die Vorteile von CLE sprechen, die über die Erfüllung obligatorischer Anforderungen hinausgehen. Bei CLE geht es nicht nur darum, Credits zu sammeln – es geht darum, in Ihre berufliche Entwicklung und Ihr Wachstum als Anwalt zu investieren. Durch die Teilnahme an CLE-Programmen können Sie Ihr Wissen erweitern, Ihre Fähigkeiten verbessern, über Entwicklungen in Ihrem Tätigkeitsbereich auf dem Laufenden bleiben und sich mit Kollegen und Experten auf diesem Gebiet vernetzen. CLE bietet auch Möglichkeiten zum Netzwerken, Mentoring und Zusammenarbeit und hilft Ihnen, Beziehungen aufzubauen und Ihre Karriere im Rechtsberuf voranzutreiben.

Zusammenfassend lässt sich sagen, dass die Fortbildung im Rechtswesen (Continuing Legal Education, CLE) ein Eckpfeiler der beruflichen Entwicklung und des lebenslangen Lernens im Rechtswesen ist. Indem Sie sich über Entwicklungen in Recht und Praxis auf dem Laufenden halten, Ihr Fachwissen vertiefen und Ihr berufliches Netzwerk erweitern, können Sie Ihre Wirksamkeit als Anwalt steigern und sich in der heutigen dynamischen Rechtslandschaft erfolgreich positionieren. Nutzen Sie also die

Möglichkeiten, die Ihnen die CLE bietet, und nutzen Sie diese unschätzbare Ressource optimal, um Ihre Karriere voranzutreiben und Ihre Ziele als Rechtsanwalt zu erreichen.

Spezialisierung und Zertifizierung: Erweitern Sie Ihr Fachwissen im juristischen Bereich

Willkommen in der Welt der Spezialisierung und Zertifizierung im Rechtswesen, wo Fachwissen geschätzt wird und Zeugnisse Türen zu neuen Möglichkeiten öffnen können. In einem zunehmend wettbewerbsorientierten Rechtsumfeld können Sie sich durch die Spezialisierung auf einen bestimmten Tätigkeitsbereich und den Erwerb von Zertifizierungen von der Masse abheben, Ihre Glaubwürdigkeit steigern und Ihre Karriere voranbringen. Lassen Sie uns also die Bedeutung von Spezialisierung und Zertifizierung untersuchen und wie Sie diese nutzen können, um Ihr Fachwissen im Rechtsbereich zu erweitern.

Lassen Sie uns zunächst über Spezialisierung sprechen. Bei der Spezialisierung konzentrieren Sie Ihre Praxis auf einen bestimmten Rechtsbereich, beispielsweise Familienrecht, geistiges Eigentum oder Strafverteidigung. Indem Sie Ihre Bemühungen auf einen bestimmten Praxisbereich konzentrieren, können Sie tiefgreifende Fachkenntnisse entwickeln, Ihre Fähigkeiten verfeinern und als gefragter Experte auf Ihrem Gebiet bekannt werden. Durch die Spezialisierung können Sie sich von Allgemeinmedizinern abheben und sich als vertrauenswürdiger Berater und Fürsprecher für Klienten mit speziellen Bedürfnissen positionieren.

Lassen Sie uns nun über die Vorteile der Spezialisierung sprechen. Die Spezialisierung auf einen bestimmten Rechtsbereich bietet zahlreiche Vorteile, sowohl für Sie als auch für Ihre Mandanten. Zunächst einmal ermöglicht Ihnen die Spezialisierung, ein tiefes Verständnis für die Nuancen, Komplexitäten und Feinheiten Ihres gewählten Fachgebiets zu entwickeln, sodass Sie Ihre Mandanten effektiver und gezielter vertreten können. Durch die Spezialisierung können Sie sich auch einen Ruf als Autorität auf Ihrem Gebiet aufbauen und Mandanten anziehen, die nach Fachwissen und Erfahrung in diesem Rechtsbereich suchen. Darüber hinaus kann die Spezialisierung zu mehr Arbeitszufriedenheit und Erfüllung führen, da Sie sich auf Arbeiten konzentrieren, die Ihren Interessen, Leidenschaften und Stärken entsprechen.

Als nächstes sprechen wir über die Zertifizierung. Eine Zertifizierung ist eine formelle Anerkennung von Fachwissen und Kompetenz in einem bestimmten Praxisbereich, die von einer anerkannten Akkreditierungsstelle oder Berufsorganisation verliehen wird. Der Erhalt einer Zertifizierung zeigt Ihr Engagement für Spitzenleistungen, Ihr Engagement für die berufliche Weiterentwicklung und Ihre Bereitschaft, strenge Standards in Bezug auf Wissen und Fähigkeiten in Ihrem gewählten Bereich zu erfüllen und aufrechtzuerhalten. Obwohl eine Zertifizierung nicht immer erforderlich ist, um in einem bestimmten Rechtsbereich tätig zu sein, kann sie Ihre Glaubwürdigkeit, Glaubwürdigkeit und Marktfähigkeit als Rechtsexperte verbessern.

Lassen Sie uns nun darüber sprechen, wie Sie Spezialisierung und Zertifizierung erhalten. Der Prozess zum Erhalt von Spezialisierung und Zertifizierung variiert je nach Gerichtsbarkeit und Akkreditierungsstelle oder -organisation. In einigen Fällen müssen Sie möglicherweise bestimmte Bildungsanforderungen erfüllen, ein Mindestmaß an Erfahrung auf dem Gebiet nachweisen und eine umfassende Prüfung oder Bewertung bestehen. Möglicherweise müssen Sie auch an fortlaufenden Weiterbildungs- oder beruflichen Entwicklungsaktivitäten teilnehmen, um Ihre Zertifizierung aufrechtzuerhalten.

Lassen Sie uns über die Wahl der richtigen Spezialisierung und Zertifizierung sprechen. Bei der Auswahl einer Spezialisierung und dem Anstreben einer Zertifizierung ist es wichtig, Ihre Interessen, Stärken und Karriereziele zu berücksichtigen. Wählen Sie einen

Tätigkeitsbereich, der Ihren Leidenschaften und Talenten entspricht und in dem Sie Möglichkeiten für Wachstum und Aufstieg sehen. Recherchieren Sie verschiedene Zertifizierungsprogramme und Akkreditierungsstellen, um eines zu finden, das in der Rechtsbranche seriös, respektiert und anerkannt ist. Und scheuen Sie sich nicht, Mentoren, Kollegen und Experten auf dem Gebiet um Rat zu fragen, die Ihnen aufgrund ihrer eigenen Erfahrungen Einblicke und Ratschläge geben können.

Lassen Sie uns als Nächstes über den Wert von Spezialisierung und Zertifizierung im Rechtsberuf sprechen. Spezialisierung und Zertifizierung können Türen zu neuen Möglichkeiten und Karrierechancen öffnen. Sie können Ihre Glaubwürdigkeit und Ihren Ruf als Experte auf Ihrem Gebiet stärken und Ihnen Kunden, Empfehlungen und berufliche Möglichkeiten verschaffen. Sie können auch Ihr Verdienstpotenzial und Ihre Arbeitszufriedenheit steigern, da Sie für Ihr Fachwissen und Ihre Fähigkeit, Ergebnisse für Ihre Kunden zu erzielen, bekannt werden. Darüber hinaus können Spezialisierung und Zertifizierung ein Gefühl von Stolz und Leistung vermitteln, da Sie Anerkennung für Ihr Engagement und Ihre Beherrschung eines bestimmten Rechtsgebiets erhalten.

Lassen Sie uns abschließend über Weiterbildung und berufliche Entwicklung sprechen. Spezialisierung und Zertifizierung sind nicht das Ende der Reise – sie sind nur der Anfang. Um Ihr Fachwissen aufrechtzuerhalten und über die Entwicklungen in Ihrem Bereich auf dem Laufenden zu bleiben, ist es wichtig, sich kontinuierlich weiterzubilden und an beruflichen Entwicklungsaktivitäten teilzunehmen. Besuchen Sie Konferenzen, Seminare und Workshops in Ihrem Fachgebiet, lesen Sie Fachzeitschriften und -publikationen und nehmen Sie an Online-Kursen und Webinaren teil. Bleiben Sie mit Kollegen und Experten in Ihrem Bereich in Kontakt und seien Sie offen für neue Ideen, Perspektiven und Möglichkeiten zum Wachstum und Lernen.

Zusammenfassend lässt sich sagen, dass Spezialisierung und Zertifizierung wirkungsvolle Instrumente sind, um Ihr Fachwissen und Ihre Glaubwürdigkeit im Rechtsberuf zu verbessern. Indem Sie Ihre Praxis auf einen bestimmten Rechtsbereich konzentrieren und eine Zertifizierung erwerben, können Sie sich von der Konkurrenz abheben, Kunden gewinnen und in Ihrer Karriere erfolgreicher und erfüllter sein. Nutzen Sie also die Möglichkeiten, die Spezialisierung und Zertifizierung bieten, und nutzen Sie sie optimal, um Ihr Fachwissen zu erweitern und im Rechtsbereich erfolgreich zu sein.

Rechtsethik verstehen: Den moralischen Kompass des Rechtsberufs nutzen

Willkommen im Bereich der Rechtsethik, wo der moralische Kompass des Rechtsberufs das Verhalten von Anwälten leitet und die Grundsätze von Gerechtigkeit, Integrität und Professionalität aufrechterhält. Im Rechtsberuf sind ethische Überlegungen von größter Bedeutung und prägen jeden Aspekt der Praxis eines Anwalts und seiner Interaktionen mit Mandanten, Kollegen und dem Gericht. Lassen Sie uns also tiefer in die Grundsätze der Rechtsethik, die Regeln für das Verhalten von Anwälten und die Bedeutung der Einhaltung ethischer Standards in der Rechtspraxis eintauchen.

Lassen Sie uns zunächst über die Grundlagen der Rechtsethik sprechen – die Pflicht, die Rechtsstaatlichkeit zu wahren und Gerechtigkeit fair und unparteiisch zu verwalten. Als Gerichtsbeamte spielen Anwälte eine entscheidende Rolle bei der Rechtspflege. Sie vertreten die Interessen ihrer Mandanten im Rahmen des Gesetzes und stellen sicher, dass die Grundsätze von Fairness, Billigkeit und ordnungsgemäßem Verfahren gewahrt werden. Die Wahrung der Rechtsstaatlichkeit erfordert von Anwälten, mit Integrität, Ehrlichkeit und Respekt für das Rechtssystem und die Rechte aller Beteiligten zu handeln.

Lassen Sie uns nun über die Bedeutung von Vertraulichkeit und Anwaltsgeheimnis sprechen. Vertraulichkeit ist ein Eckpfeiler der Anwalt-Mandanten-Beziehung. Sie schützt die Privatsphäre und das Vertrauen der Mandanten und ermöglicht eine offene und ehrliche Kommunikation zwischen Anwälten und ihren Mandanten. Anwälte sind an strenge ethische Regeln gebunden, um die Vertraulichkeit von Mandanteninformationen sowohl während als auch nach der Anwalt-Mandanten-Beziehung zu wahren. Diese Geheimhaltungspflicht erstreckt sich auf alle Mitteilungen und Informationen, die im Rahmen der Vertretung ausgetauscht werden, unabhängig davon, ob sie vertraulich sind oder nicht.

Als nächstes sprechen wir über Interessenkonflikte. Interessenkonflikte sind Situationen, in denen die persönlichen oder beruflichen Interessen eines Anwalts mit seiner Pflicht in Konflikt geraten, im besten Interesse seines Mandanten zu handeln. Die Vermeidung von Interessenkonflikten ist für die Wahrung der Integrität und Vertrauenswürdigkeit des Rechtsberufs von entscheidender Bedeutung. Anwälte sind verpflichtet, potenzielle Interessenkonflikte zu identifizieren und ihren Mandanten gegenüber offenzulegen und von der Vertretung von Mandanten abzusehen, wenn ein Konflikt besteht oder vernünftigerweise angenommen werden kann, dass er besteht. Das Versäumnis, Interessenkonflikte anzugehen, kann schwerwiegende Konsequenzen nach sich ziehen, darunter Disziplinarmaßnahmen und berufliche Sanktionen.

Lassen Sie uns nun über Kompetenz und Sorgfalt sprechen. Rechtsanwälte haben die Pflicht, ihre Mandanten kompetent und gewissenhaft zu vertreten und dabei das Wissen, Können und die Sorgfalt anzuwenden, die für eine effektive Vertretung ihrer Mandanten erforderlich sind. Diese Pflicht erfordert, dass sich Rechtsanwälte über Entwicklungen im Rechtswesen auf dem Laufenden halten, die erforderlichen Fähigkeiten und Fachkenntnisse aufrechterhalten, um die Angelegenheiten ihrer Mandanten kompetent zu behandeln, und jedem Fall ausreichend Zeit und Aufmerksamkeit widmen. Werden die Standards in puncto Kompetenz und Sorgfalt nicht erfüllt, kann dies zu Behandlungsfehlern, Disziplinarmaßnahmen und Schäden für Mandanten führen.

Reden wir über Ehrlichkeit und Offenheit. Rechtsanwälte müssen im Umgang mit Mandanten, Gegenparteien, dem Gericht und Dritten ehrlich und aufrichtig sein. Diese Pflicht zur Ehrlichkeit und Offenheit erstreckt sich auf alle Mitteilungen und Erklärungen im Rahmen der

Vertretung, einschließlich Schriftsätzen, Anträgen und mündlichen Argumenten. Rechtsanwälten ist es untersagt, falsche Aussagen oder falsche Darstellungen von Tatsachen zu machen, und sie sind verpflichtet, alle falschen oder irreführenden Aussagen zu korrigieren, von denen sie Kenntnis erlangen. Die Einhaltung der Grundsätze der Ehrlichkeit und Offenheit ist für die Wahrung der Integrität und Glaubwürdigkeit des Rechtsberufs von wesentlicher Bedeutung.

Als nächstes sprechen wir über die Pflicht zur eifrigen Interessenvertretung. Anwälte haben zwar die Pflicht, die Interessen ihrer Mandanten energisch und eifrig zu vertreten, diese Pflicht muss jedoch mit der Pflicht zur Wahrung der Rechtsstaatlichkeit und der Berufsethik in Einklang gebracht werden. Eifrige Interessenvertretung bedeutet nicht, den Sieg um jeden Preis anzustreben – es bedeutet, die Interessen Ihrer Mandanten im Rahmen der Gesetze und der Berufsregeln zu vertreten. Anwälte müssen sich auch bei der Ausübung eifriger Interessenvertretung von unehrlichem, betrügerischem oder der Rechtspflege abträglichem Verhalten fernhalten.

Lassen Sie uns nun über die Rolle der Rechtsethik im weiteren Rechtssystem sprechen. Die Rechtsethik dient als Grundlage für die Integrität, Glaubwürdigkeit und Professionalität des Rechtsberufs. Die Einhaltung ethischer Standards ist für die Aufrechterhaltung des öffentlichen Vertrauens in das Rechtssystem und die Gewährleistung einer fairen und gerechten Rechtspflege von wesentlicher Bedeutung. Anwälte, die sich an ethische Grundsätze halten, tragen zur Integrität und Wirksamkeit des Rechtssystems bei, während diejenigen, die ethische Regeln verletzen, das Vertrauen der Öffentlichkeit in den Rechtsberuf als Ganzes untergraben.

Lassen Sie uns abschließend über die Bedeutung fortlaufender Aus- und Weiterbildung in Rechtsethik sprechen. Die Rechtslandschaft entwickelt sich ständig weiter, und jeden Tag treten neue Herausforderungen, Probleme und ethische Dilemmata auf. Rechtsanwälte müssen über Entwicklungen in der Rechtsethik auf dem

Laufenden bleiben, ihre ethischen Verpflichtungen verstehen und wissen, wie sie ethische Dilemmata effektiv meistern können. Fortlaufende Aus- und Weiterbildung in Rechtsethik ist unerlässlich, um sicherzustellen, dass Rechtsanwälte über das Wissen, die Fähigkeiten und das Bewusstsein verfügen, um ethische Standards einzuhalten und ethische Herausforderungen in ihrer Praxis zu meistern.

Zusammenfassend lässt sich sagen, dass die Rechtsethik der Eckpfeiler des Rechtsberufs ist. Sie leitet das Verhalten von Anwälten und gewährleistet die Integrität, Glaubwürdigkeit und Wirksamkeit des Rechtssystems. Die Einhaltung ethischer Grundsätze ist für die Aufrechterhaltung des öffentlichen Vertrauens in den Rechtsberuf und die Rechtspflege von wesentlicher Bedeutung. Durch die Einhaltung ethischer Standards können Anwälte ihrer Pflicht nachkommen, die Rechtsstaatlichkeit aufrechtzuerhalten, die Interessen ihrer Mandanten zu vertreten und zu einer fairen und gerechten Lösung von Streitigkeiten in der Gesellschaft beizutragen.

Vertraulichkeit und Privilegien: Schutz von Vertrauen und Privatsphäre im Rechtsbereich

Willkommen im Reich der Vertraulichkeit und Privilegien im Rechtsberuf, wo Vertrauen und Privatsphäre heilige Prinzipien sind, die die Beziehung zwischen Anwalt und Mandant untermauern. Vertraulichkeit und Privilegien sind grundlegende Konzepte, die die Integrität der Kommunikation zwischen Anwälten und ihren Mandanten schützen, einen offenen und ehrlichen Dialog fördern und eine wirksame Vertretung der Interessen der Mandanten sicherstellen. Lassen Sie uns also tiefer in die Nuancen von Vertraulichkeit und Privilegien, ihre Bedeutung im Rechtsbereich und die damit verbundenen ethischen Verpflichtungen eintauchen.

Lassen Sie uns zunächst über Vertraulichkeit sprechen. Vertraulichkeit ist ein Grundprinzip der Beziehung zwischen Anwalt und Mandant. Sie schützt die Privatsphäre und das Vertrauen der Mandanten und fördert eine offene und ehrliche Kommunikation zwischen Anwälten und ihren Mandanten. Im Rahmen der Verschwiegenheitspflicht sind Anwälte verpflichtet, alle Informationen im Zusammenhang mit der Vertretung ihrer Mandanten vertraulich zu behandeln, sowohl während als auch nach der Beziehung zwischen Anwalt und Mandant. Diese Pflicht erstreckt sich auf alle Mitteilungen, Dokumente und Informationen, die im Rahmen der Vertretung ausgetauscht werden, unabhängig davon, ob sie vertraulich sind oder nicht.

Lassen Sie uns nun über das Anwaltsgeheimnis sprechen. Das Anwaltsgeheimnis ist eine Rechtslehre, die bestimmte Kommunikationen zwischen Anwälten und ihren Mandanten vor der Offenlegung in Gerichtsverfahren und anderen Zusammenhängen schützt. Das Privileg gilt für vertrauliche Kommunikationen zwischen einem Mandanten und seinem Anwalt zum Zweck der Einholung von Rechtsberatung oder Vertretung. Um für das Privileg in Frage zu kommen, muss die Kommunikation vertraulich erfolgen und darf nicht an Dritte außerhalb der Anwaltsbeziehung weitergegeben werden. Der Zweck des Privilegs besteht darin, Mandanten zu ermutigen, offen und ehrlich mit ihren Anwälten umzugehen und die wirksame Vertretung der Interessen der Mandanten zu erleichtern.

Als nächstes sprechen wir über den Umfang von Vertraulichkeit und Privilegien. Vertraulichkeit und Privilegien gelten allgemein für alle Kommunikationen und Informationen, die im Rahmen der Vertretung zwischen Anwälten und ihren Mandanten ausgetauscht werden. Dazu gehören Diskussionen über Rechtsstrategie, Fallstrategie, Vergleichsverhandlungen und andere sensible Angelegenheiten. Die Geheimhaltungspflicht und das Anwaltsgeheimnis erstrecken sich auch auf die Kommunikation mit Dritten, wie Experten, Beratern und anderen Anwälten, die an dem Fall arbeiten, solange diese Kommunikationen zum Zweck der Einholung von Rechtsberatung oder Vertretung erfolgen.

Lassen Sie uns nun über Ausnahmen von Vertraulichkeit und Privilegien sprechen. Obwohl Vertraulichkeit und Privilegien einen starken Schutz darstellen, gibt es bestimmte Ausnahmen, die die Offenlegung ansonsten vertraulicher oder privilegierter Informationen ermöglichen können. Beispielsweise kann es Anwälten gestattet oder vorgeschrieben sein, vertrauliche Informationen unter bestimmten Umständen offenzulegen, etwa um unmittelbaren Schaden abzuwenden oder einer gerichtlichen Anordnung oder gesetzlichen Verpflichtung nachzukommen. Anwälte müssen sich auch der potenziellen Risiken einer unbeabsichtigten Offenlegung bewusst sein, beispielsweise des Verzichts auf das Anwaltsgeheimnis durch die Offenlegung privilegierter Informationen an Dritte.

Lassen Sie uns über die ethischen Verpflichtungen in Bezug auf Vertraulichkeit und Privilegien sprechen. Anwälte unterliegen strengen ethischen Regeln, um die Vertraulichkeit von Mandanteninformationen zu wahren und das Anwaltsgeheimnis zu schützen. Diese Pflicht erstreckt sich auf alle Mitglieder einer Anwaltskanzlei sowie auf Hilfspersonal und Mitarbeiter, die möglicherweise Zugang zu vertraulichen Informationen haben. Anwälte müssen angemessene Schritte unternehmen, um die Vertraulichkeit der Mandanten zu schützen und sicherzustellen, dass vertrauliche Kommunikation nicht unrechtmäßig offengelegt oder aufgehoben wird.

Lassen Sie uns als Nächstes über die Bedeutung von Vertraulichkeit und Privilegien im Rechtssystem sprechen. Vertraulichkeit und Privilegien sind unerlässlich, um Vertrauen in die Beziehung zwischen Anwalt und Mandant zu fördern und eine offene und ehrliche Kommunikation zwischen Anwälten und ihren Mandanten zu ermöglichen. Ohne die Zusicherung von Vertraulichkeit und Privilegien zögern Mandanten möglicherweise, vertrauliche Informationen an ihre Anwälte weiterzugeben, was die Fähigkeit des Anwalts, eine wirksame Vertretung zu bieten, beeinträchtigt. Vertraulichkeit und Privilegien dienen auch umfassenderen gesellschaftlichen Interessen, indem sie den freien Informationsfluss fördern und eine faire und gerechte Beilegung von Streitigkeiten im Rechtssystem ermöglichen.

Zusammenfassend lässt sich sagen, dass Vertraulichkeit und Privilegien Grundprinzipien des Anwaltsberufs sind und das Vertrauen, die Privatsphäre und die Integrität der Anwalt-Mandanten-Beziehung schützen. Durch die Einhaltung dieser Prinzipien können Anwälte eine offene und ehrliche Kommunikation mit ihren Mandanten fördern, eine effektive Vertretung fördern und zu einer fairen und gerechten Rechtspflege beitragen. Die Wahrung von Vertraulichkeit und Privilegien ist nicht nur eine ethische Verpflichtung – sie ist ein Eckpfeiler des Anwaltsberufs und ein grundlegender Aspekt zur Gewährleistung der Integrität und Glaubwürdigkeit des Rechtssystems.

Interessenkonflikte: Ethische Grenzen bei der Rechtsvertretung überwinden

Willkommen im komplexen Terrain der Interessenkonflikte im Rechtsberuf, wo es viele ethische Dilemmata gibt und die Pflicht, die Interessen des Mandanten zu priorisieren, von größter Bedeutung ist. Interessenkonflikte entstehen, wenn die persönlichen, finanziellen oder beruflichen Interessen eines Anwalts mit seiner Pflicht in Konflikt geraten, im besten Interesse seines Mandanten zu handeln. Das Navigieren dieser ethischen Grenzen erfordert Wachsamkeit, Integrität und die Verpflichtung, die höchsten Standards der Professionalität einzuhalten. Lassen Sie uns also die Feinheiten von Interessenkonflikten, ihre Auswirkungen auf die Rechtsvertretung und die damit verbundenen ethischen Verpflichtungen untersuchen.

Lassen Sie uns zunächst darüber sprechen, was einen Interessenkonflikt ausmacht. Ein Interessenkonflikt liegt vor, wenn die Loyalität eines Anwalts gegenüber einem Mandanten durch konkurrierende Verpflichtungen oder Interessen beeinträchtigt wird oder wenn die eigenen Interessen des Anwalts mit denen des Mandanten in Konflikt geraten. Interessenkonflikte können in verschiedenen Zusammenhängen entstehen, einschließlich Situationen, in denen der Anwalt eine persönliche oder finanzielle Beziehung zu einer dem Mandanten feindlich gesinnten Partei hat, wenn die Vertretung eines Mandanten durch den Anwalt den Interessen eines anderen Mandanten direkt zuwiderläuft oder wenn die eigenen Interessen des Anwalts durch das Ergebnis der Vertretung wesentlich beeinträchtigt werden können.

Lassen Sie uns nun über die ethischen Verpflichtungen im Zusammenhang mit Interessenkonflikten sprechen. Rechtsanwälte unterliegen strengen ethischen Regeln, um Interessenkonflikte umgehend und effektiv zu erkennen und zu lösen. Die Pflicht,

Interessenkonflikte zu vermeiden, ist in Berufskodizes und den Regeln der Rechtsethik verankert, die von Rechtsanwälten verlangen, ein unabhängiges professionelles Urteilsvermögen zu walten und die Interessen ihrer Mandanten über alle anderen Erwägungen zu stellen. Rechtsanwälte müssen betroffene Mandanten auch über potenzielle Interessenkonflikte informieren und eine Einverständniserklärung einholen, bevor sie mit der Vertretung fortfahren, wenn der Konflikt nicht angemessen gelöst werden kann.

Als nächstes sprechen wir über die Auswirkungen von Interessenkonflikten auf die Rechtsvertretung. Interessenkonflikte können schwerwiegende Folgen für das Verhältnis zwischen Anwalt und Mandant, die Integrität des Rechtssystems und die Interessen der beteiligten Parteien haben. Werden Interessenkonflikte nicht erkannt und nicht angegangen, kann dies zu Schäden für Mandanten, Beeinträchtigungen der Rechtspflege und rechtlichen und ethischen Verstößen führen, die zu Disziplinarmaßnahmen, Klagen wegen Berufsvergehen oder anderen beruflichen Sanktionen führen können. Anwälte müssen bei der Erkennung und Behandlung von Interessenkonflikten sorgfältig und proaktiv vorgehen, um die Interessen ihrer Mandanten zu schützen und die Integrität des Rechtsberufs aufrechtzuerhalten.

Lassen Sie uns nun darüber sprechen, wie Anwälte Interessenkonflikte erkennen und angehen können. Die Pflicht, Interessenkonflikte zu vermeiden, erfordert von Anwälten, bei der Bewertung potenzieller Konflikte die gebotene Sorgfalt und Wachsamkeit walten zu lassen und geeignete Maßnahmen zu ihrer Lösung zu ergreifen. Dies kann die Durchführung von Konfliktprüfungen vor der Annahme neuer Mandanten oder Mandate, die Einhaltung strenger Richtlinien und Verfahren für Interessenkonflikte in Anwaltskanzleien sowie die Beratung mit Kollegen, Ethikberatern oder Rechtsexperten bei auftretenden Konflikten umfassen. Anwälte müssen ihren Mandanten gegenüber auch transparent und aufgeschlossen sein, was etwaige Interessenkonflikte angeht, die während der Vertretung auftreten können, und eine informierte Zustimmung einholen, bevor sie mit der Vertretung fortfahren, wenn der Konflikt nicht angemessen gelöst werden kann.

Lassen Sie uns über die Bedeutung von Richtlinien und Verfahren für Interessenkonflikte in Anwaltskanzleien sprechen. Anwaltskanzleien haben die Verantwortung, wirksame Richtlinien und Verfahren für Interessenkonflikte zu etablieren und aufrechtzuerhalten, um Konflikte zu vermeiden und sicherzustellen, dass Konflikte, wenn sie auftreten, umgehend und effektiv erkannt und angegangen werden. Dies kann die Implementierung von Konfliktprüfsystemen, die Erstellung von Protokollen zur Konfliktlösung und die fortlaufende Schulung und Ausbildung von Anwälten und Mitarbeitern zu ethischen Verpflichtungen im Zusammenhang mit Interessenkonflikten umfassen. Indem Anwaltskanzleien dem Management von Interessenkonflikten Priorität einräumen, können sie das Risiko ethischer Verstöße minimieren, die Interessen ihrer Mandanten schützen und die Integrität des Anwaltsberufs wahren.

Zusammenfassend lässt sich sagen, dass Interessenkonflikte eine weitverbreitete und komplexe ethische Herausforderung im Rechtsberuf darstellen und von Anwälten verlangen, konkurrierende Verpflichtungen und Interessen mit Integrität und Professionalität zu meistern. Indem sie Interessenkonflikte umgehend und effektiv identifizieren und angehen, können Anwälte die Interessen ihrer Mandanten schützen, die Integrität des Rechtssystems wahren und das öffentliche Vertrauen in den Rechtsberuf aufrechterhalten. Wachsamkeit, Transparenz und die Verpflichtung zu ethischem Verhalten sind unerlässlich, um durch das ethische Minenfeld der Interessenkonflikte zu navigieren und höchste Standards der Rechtsvertretung und Professionalität sicherzustellen.

Berufliche Integrität: Einhaltung ethischer Standards im Rechtsbereich

Willkommen im Bereich der beruflichen Integrität im Rechtsberuf, wo die Einhaltung ethischer Standards der Eckpfeiler für Vertrauen, Glaubwürdigkeit und Effektivität als Anwalt ist. Berufliche Integrität umfasst die Verpflichtung zu Ehrlichkeit, Fairness und ethischem Verhalten in allen Aspekten der Rechtspraxis und bestimmt die Interaktionen der Anwälte mit Mandanten, Kollegen, dem Gericht und der Öffentlichkeit. Lassen Sie uns die Grundsätze der beruflichen Integrität, ihre Bedeutung im Rechtsbereich und die damit verbundenen ethischen Verpflichtungen untersuchen.

Lassen Sie uns zunächst darüber sprechen, was berufliche Integrität im Kontext des Rechtsberufs bedeutet. Berufliche Integrität geht über die bloße Einhaltung des Buchstabens des Gesetzes hinaus – sie umfasst die Verpflichtung, die höchsten Standards ethischen Verhaltens einzuhalten, auch wenn niemand zusieht. Sie bedeutet, bei allen Geschäften ehrlich, fair und transparent zu handeln und in jedem Aspekt der Rechtspraxis die Grundsätze der Integrität, Vertrauenswürdigkeit und Verantwortlichkeit einzuhalten. Berufliche Integrität ist nicht nur ein Regelwerk – sie ist eine Lebenseinstellung für Anwälte, die ihre Handlungen und Entscheidungen im Streben nach Gerechtigkeit, Fairness und dem Gemeinwohl leitet.

Lassen Sie uns nun über die Bedeutung der beruflichen Integrität im Rechtsbereich sprechen. Berufliche Integrität ist für die Aufrechterhaltung des öffentlichen Vertrauens in das Rechtssystem und den Rechtsberuf von entscheidender Bedeutung. Anwälten wird die Verantwortung anvertraut, die Rechtsstaatlichkeit aufrechtzuerhalten, Recht zu sprechen und die Rechte und Interessen ihrer Mandanten zu schützen. Berufliche Integrität ist die Grundlage dieses Vertrauens – sie stellt sicher, dass Anwälte im Umgang mit

Mandanten, Kollegen, dem Gericht und der Öffentlichkeit integer, ehrlich und fair handeln und so die Integrität und Glaubwürdigkeit des Rechtsberufs als Ganzes aufrechterhalten.

Als nächstes sprechen wir über die ethischen Verpflichtungen im Zusammenhang mit der beruflichen Integrität. Rechtsanwälte unterliegen strengen ethischen Regeln und Verhaltenskodizes, die ihr Verhalten bestimmen und ihre Interaktionen mit Mandanten, Kollegen, dem Gericht und der Öffentlichkeit lenken. Diese Regeln verlangen von Rechtsanwälten, bei allen Geschäften ehrlich, offen und fair zu handeln, die Vertraulichkeit von Mandanteninformationen zu wahren, Interessenkonflikte zu vermeiden und die Interessen ihrer Mandanten über alle anderen Erwägungen zu stellen. Die Wahrung der beruflichen Integrität erfordert von Rechtsanwälten auch, ethische Verstöße oder Fehlverhalten anderer Mitglieder der Rechtsberufe zu melden, um so die Rechenschaftspflicht zu fördern und die Integrität des Rechtssystems zu wahren.

Lassen Sie uns nun darüber sprechen, wie Anwälte in ihrer täglichen Praxis professionelle Integrität beweisen können. Professionelle Integrität zeigt sich durch die konsequente Einhaltung ethischer Standards und Prinzipien in allen Aspekten der Rechtspraxis. Dies bedeutet, den Mandanten gegenüber ehrlich und transparent über die Stärken und Schwächen ihres Falls zu sein, eine kompetente und gewissenhafte Vertretung zu bieten und die Interessen der Mandanten im Rahmen des Gesetzes leidenschaftlich zu vertreten. Dies bedeutet, Kollegen, Gegenparteien und das Gericht mit Respekt und Höflichkeit zu behandeln und bei allen Interaktionen die höchsten Standards an Professionalität und Höflichkeit aufrechtzuerhalten. Berufliche Integrität bedeutet auch, ethische Dilemmata und Interessenkonflikte umgehend und effektiv zu erkennen und anzugehen und bei Bedarf Rat oder Hilfe zu suchen, um die Einhaltung ethischer Verpflichtungen sicherzustellen.

Lassen Sie uns über die Rolle der beruflichen Integrität bei der Förderung des Zugangs zum Recht und des öffentlichen Interesses sprechen. Bei der Wahrung der beruflichen Integrität geht es nicht nur darum, die Interessen einzelner Mandanten zu schützen, sondern auch darum, die umfassenderen Ziele von Gerechtigkeit, Fairness und Rechtsstaatlichkeit in der Gesellschaft voranzutreiben. Anwälte haben die Pflicht, den Zugang zum Recht zu fördern und ihre Fähigkeiten und ihr Fachwissen einzusetzen, um sich für diejenigen einzusetzen, die ausgegrenzt oder benachteiligt sind. Berufliche Integrität erfordert von Anwälten, im öffentlichen Interesse zu handeln, die Grundsätze von Fairness, Gleichheit und ordnungsgemäßem Verfahren aufrechtzuerhalten und auf ein Rechtssystem hinzuarbeiten, das allen Mitgliedern der Gesellschaft zugänglich, transparent und rechenschaftspflichtig ist.

Zusammenfassend lässt sich sagen, dass berufliche Integrität die Grundlage für Vertrauen, Glaubwürdigkeit und Effektivität im Rechtsberuf ist. Indem sie die höchsten Standards ethischen Verhaltens einhalten, können Anwälte das öffentliche Vertrauen in das Rechtssystem aufrechterhalten, den Zugang zum Recht fördern und die Grundsätze von Fairness, Gerechtigkeit und Rechtsstaatlichkeit in der Gesellschaft vorantreiben. Berufliche Integrität ist nicht nur eine Pflicht – sie ist ein Privileg und eine Verantwortung, die Anwälte während ihrer gesamten Karriere mit sich tragen und die ihre Handlungen und Entscheidungen im Streben nach Gerechtigkeit, Fairness und dem Gemeinwohl leiten.

Vereinbarkeit von Beruf und Familie: Förderung des Wohlbefindens im Anwaltsberuf

Willkommen bei der Erkundung der Work-Life-Balance im Rechtsbereich, wo das Streben nach beruflicher Exzellenz mit dem Bedürfnis nach persönlichem Wohlbefinden und Erfüllung koexistiert. Die Work-Life-Balance ist ein wesentlicher Bestandteil der allgemeinen Zufriedenheit, Produktivität und des langfristigen Erfolgs eines Anwalts. In dieser Diskussion werden wir uns mit der Bedeutung der Work-Life-Balance, Strategien zu ihrer Erreichung und ihren Auswirkungen auf den Rechtsberuf befassen.

Lassen Sie uns zunächst einmal die Bedeutung der Work-Life-Balance anerkennen. Der Anwaltsberuf ist bekannt für seine anspruchsvolle Arbeitsbelastung, seine Fälle mit hohem Einsatz und seine langen Arbeitszeiten. Die Aufrechterhaltung einer gesunden Balance zwischen Arbeit und Privatleben ist jedoch entscheidend, um Burnout vorzubeugen, Stress abzubauen und das allgemeine Wohlbefinden zu bewahren. Durch die Erreichung einer Work-Life-Balance können Anwälte neue Kraft tanken, persönlichen Interessen nachgehen und Beziehungen außerhalb der Arbeit pflegen, was zu größerer Zufriedenheit und Erfüllung sowohl persönlich als auch beruflich führt.

Lassen Sie uns nun Strategien zur Erreichung einer Work-Life-Balance erkunden. Grenzen zu setzen ist der Schlüssel – eine klare Abgrenzung zwischen Arbeitszeit und Freizeit kann dazu beitragen, zu verhindern, dass die Arbeit in andere Lebensbereiche eindringt. Dies kann bedeuten, bestimmte Arbeitszeiten festzulegen, Zeit für Entspannung und Freizeitaktivitäten einzuplanen und zu lernen, bei Bedarf Nein zu übermäßigen Arbeitsanforderungen zu sagen. Auch die Selbstfürsorge muss Priorität haben – sich Zeit für

Bewegung, Hobbys und soziale Kontakte zu nehmen, kann den Energiehaushalt wieder auffüllen und das allgemeine Wohlbefinden steigern. Darüber hinaus können effektives Zeitmanagement, Delegation und die Suche nach Unterstützung durch Kollegen oder Mentoren Anwälten helfen, ihre Arbeitsbelastung effizienter zu bewältigen und Stress abzubauen.

Lassen Sie uns als Nächstes die Vorteile einer ausgewogenen Work-Life-Balance für Anwälte und den Rechtsberuf besprechen. Eine ausgewogene Work-Life-Balance führt zu glücklicheren, gesünderen und engagierteren Anwälten, was sich wiederum positiv auf die Arbeitszufriedenheit, Produktivität und Bindung in Anwaltskanzleien und Organisationen auswirken kann. Anwälte, die eine ausgewogene Work-Life-Balance priorisieren, sind oft fokussierter, motivierter und belastbarer, was zu besseren Ergebnissen für ihre Mandanten und einer höheren Kundenzufriedenheit führt. Darüber hinaus kann die Förderung einer ausgewogenen Work-Life-Balance Anwaltskanzleien dabei helfen, Top-Talente anzuziehen und zu halten, eine positive Arbeitskultur zu pflegen und ihren Ruf als bevorzugter Arbeitgeber in der Rechtsbranche zu verbessern.

Lassen Sie uns nun einige häufige Herausforderungen bei der Vereinbarkeit von Beruf und Privatleben im Rechtsberuf ansprechen. Die anspruchsvolle Natur der juristischen Arbeit, kombiniert mit abrechenbaren Stundenanforderungen, Kundenanforderungen und knappen Fristen, kann es für Anwälte schwierig machen, ihr persönliches Wohlbefinden in den Vordergrund zu stellen. Darüber hinaus können die Kultur der Überarbeitung und die Wahrnehmung, dass lange Arbeitszeiten mit Engagement und Erfolg gleichzusetzen sind, den Druck erzeugen, der Arbeit auf Kosten des Privatlebens Priorität einzuräumen. Darüber hinaus können die Verbreitung von Technologie und Fernarbeit die Grenzen zwischen Arbeit und Privatleben verwischen, was es schwierig macht, außerhalb der Arbeitszeit abzuschalten und abzuschalten.

Lassen Sie uns die Bedeutung von Selbstbewusstsein und Selbstfürsorge für die Erreichung einer Work-Life-Balance betonen. Das Erkennen der Anzeichen von Burnout, Stress und Erschöpfung ist wichtig, um proaktiv Schritte zu unternehmen und das Wohlbefinden in den Vordergrund zu rücken. Anwälte sollten Selbstfürsorgeaktivitäten priorisieren, die ihre körperliche, geistige und emotionale Gesundheit fördern, sei es durch Sport, Achtsamkeitsübungen, Zeit mit geliebten Menschen verbringen oder Hobbys und Interessen außerhalb der Arbeit nachgehen. Darüber hinaus kann die Suche nach Unterstützung bei Kollegen, Mentoren oder Psychologen wertvolle Anleitung und Ressourcen für den Umgang mit Stress und die Erreichung einer besseren Balance im Leben bieten.

Zusammenfassend lässt sich sagen, dass die Work-Life-Balance kein Luxus ist, sondern eine Notwendigkeit für Anwälte, um persönlich und beruflich erfolgreich zu sein. Indem sie ihrem Wohlbefinden Priorität einräumen, Grenzen setzen und Selbstfürsorgepraktiken pflegen, können Anwälte in ihrer Karriere mehr Zufriedenheit, Belastbarkeit und Erfolg erreichen. Bei der Work-Life-Balance geht es nicht darum, berufliche Ambitionen zu opfern – es geht darum, ganzheitliches Wohlbefinden zu fördern und Harmonie zwischen Arbeit, Privatleben und Erfüllung zu finden. Da sich der Anwaltsberuf weiterentwickelt, wird die Förderung der Work-Life-Balance von entscheidender Bedeutung sein, um eine Kultur der Gesundheit, des Glücks und der Exzellenz im Anwaltsberuf zu fördern.

Bewusstsein für psychische Gesundheit: Förderung des Wohlbefindens in der juristischen Gemeinschaft

Willkommen zum Dialog über das Bewusstsein für psychische Gesundheit in der Rechtsgemeinschaft, wo offene Gespräche, Unterstützung und Ressourcen für die Förderung des Wohlbefindens und der Belastbarkeit von Anwälten und Rechtsexperten unerlässlich sind. Die psychische Gesundheit ist ein wesentlicher Aspekt des allgemeinen Wohlbefindens, doch Stigmatisierung, Stress und die anspruchsvolle Natur der juristischen Arbeit können erhebliche Herausforderungen für das psychische Wohlbefinden darstellen. In dieser Diskussion untersuchen wir die Bedeutung des Bewusstseins für psychische Gesundheit, Strategien zur Unterstützung des psychischen Wohlbefindens und Ressourcen, die Anwälten mit psychischen Gesundheitsproblemen zur Verfügung stehen.

Lassen Sie uns zunächst einmal die Bedeutung des Bewusstseins für psychische Gesundheit anerkennen. Anwälte und Rechtsexperten sind nicht immun gegen psychische Probleme – tatsächlich ist bekannt, dass der Rechtsberuf im Vergleich zu anderen Berufen häufiger von Stress, Angstzuständen, Depressionen und Drogenmissbrauch betroffen ist. Das Erkennen der Anzeichen psychischer Probleme, die Verringerung der Stigmatisierung und die Förderung einer Kultur der Offenheit und Unterstützung sind für die Förderung der psychischen Gesundheit und Belastbarkeit innerhalb der Rechtsgemeinschaft von entscheidender Bedeutung.

Lassen Sie uns nun Strategien zur Förderung der psychischen Gesundheit im Rechtsberuf besprechen. Der Aufbau einer unterstützenden Arbeitskultur, in der das Wohlbefinden im Vordergrund steht, ist von entscheidender Bedeutung. Dies kann das Anbieten von Ressourcen und Schulungen zur psychischen

Gesundheit, die Förderung der Vereinbarkeit von Beruf und Privatleben sowie die Bereitstellung von Zugang zu Beratungs- und Unterstützungsdiensten umfassen. Die Schaffung von Möglichkeiten für Anwälte, sich zu vernetzen und ihre Erfahrungen auszutauschen, sei es durch Selbsthilfegruppen, Mentoring-Programme oder Wellness-Initiativen, kann ebenfalls dazu beitragen, Isolation zu verringern und ein Gefühl von Gemeinschaft und Zugehörigkeit zu fördern.

Als nächstes wollen wir uns mit den besonderen Stressfaktoren und Herausforderungen befassen, denen Anwälte ausgesetzt sind und die sich auf die psychische Gesundheit auswirken können. Die anspruchsvolle Natur der juristischen Arbeit, Fälle mit hohem Einsatz, der Druck hinsichtlich der abrechenbaren Stunden und die konfrontative Natur des Rechtssystems können zu Stress, Angst und Burnout bei Anwälten beitragen. Darüber hinaus können die Kultur des Perfektionismus, lange Arbeitszeiten und die Erwartung, immer verfügbar zu sein, psychische Gesundheitsprobleme weiter verschlimmern. Das Erkennen dieser Herausforderungen und das Ergreifen proaktiver Schritte zu ihrer Bewältigung ist für die Förderung der psychischen Gesundheit und Belastbarkeit im Rechtsberuf von entscheidender Bedeutung.

Lassen Sie uns nun die Bedeutung von Selbstfürsorge und Belastbarkeit für die Aufrechterhaltung des psychischen Wohlbefindens besprechen. Selbstfürsorgende Aktivitäten wie Sport, Achtsamkeit und Hobbys können Anwälten helfen, Stress zu bewältigen, Belastbarkeit aufzubauen und das allgemeine Wohlbefinden zu steigern. Grenzen zu setzen, der Work-Life-Balance Priorität einzuräumen und Unterstützung von Kollegen, Mentoren oder Psychologen zu suchen, kann ebenfalls zu mehr Belastbarkeit und psychischem Wohlbefinden beitragen. Es ist wichtig, dass Anwälte ihr eigenes Wohlbefinden in den Vordergrund stellen und erkennen, dass die Suche nach Hilfe ein Zeichen von Stärke und nicht von Schwäche ist.

Betonen wir, wie wichtig es ist, Stigmatisierung abzubauen und offene Gespräche über psychische Gesundheit in der Rechtsgemeinschaft zu fördern. Der Abbau von Hürden bei der Suche nach Hilfe und die Schaffung einer Kultur, in der sich Anwälte wohl fühlen, wenn sie psychische Gesundheitsprobleme diskutieren, ist für die Förderung von Unterstützung und Belastbarkeit von entscheidender Bedeutung. Aufklärung und Schulungen zum Thema psychische Gesundheit, die Entstigmatisierung psychischer Erkrankungen und die Förderung von Selbstfürsorge- und Wellness-Initiativen können dazu beitragen, ein unterstützenderes und integrativeres Umfeld für Anwälte zu schaffen, die mit psychischen Problemen konfrontiert sind.

Zusammenfassend lässt sich sagen, dass das Bewusstsein für psychische Gesundheit für die Förderung von Wohlbefinden und Belastbarkeit im Rechtsberuf von entscheidender Bedeutung ist. Indem wir die Anzeichen psychischer Gesundheitsprobleme erkennen, Stigmatisierung abbauen und eine Kultur der Offenheit und Unterstützung fördern, können wir eine Rechtsgemeinschaft schaffen, in der sich Anwälte ermutigt fühlen, ihrer psychischen Gesundheit Priorität einzuräumen und bei Bedarf Hilfe zu suchen. Gemeinsam können wir Barrieren in der psychischen Gesundheitsversorgung abbauen, Belastbarkeit fördern und ein gesünderes und unterstützenderes Umfeld für alle Mitglieder des Rechtsberufs schaffen.

Körperliche Gesundheit: Förderung des Wohlbefindens auf dem Weg zur Rechtsberatung

Willkommen zur Diskussion über körperliche Gesundheit, ein Eckpfeiler des Wohlbefindens, der für Anwälte und Rechtsexperten, die den Anforderungen ihres Berufs gerecht werden müssen, von wesentlicher Bedeutung ist. Während der Rechtsbereich oft mit geistiger Schärfe und intellektueller Leistungsfähigkeit in Verbindung gebracht wird, ist die Erhaltung der körperlichen Gesundheit ebenso wichtig, um angesichts von Herausforderungen Energie, Konzentration und Belastbarkeit aufrechtzuerhalten. In diesem Dialog werden wir die Bedeutung der körperlichen Gesundheit, Strategien zur Priorisierung des Wohlbefindens und die Vorteile der Integration gesunder Gewohnheiten in den juristischen Beruf untersuchen.

Lassen Sie uns zunächst einmal die Bedeutung der körperlichen Gesundheit anerkennen. Anwälte und Rechtsexperten führen ein arbeitsreiches Leben mit langen Arbeitszeiten, anspruchsvollen Fristen und Hochdrucksituationen. In diesem schnelllebigen Umfeld kann das körperliche Wohlbefinden leicht zugunsten der Arbeitsverpflichtungen vernachlässigt werden. Die Priorisierung der körperlichen Gesundheit ist jedoch entscheidend für die Aufrechterhaltung des Energieniveaus, der geistigen Klarheit und der allgemeinen Vitalität, die für den Erfolg und die Erfüllung im Rechtsberuf unerlässlich sind.

Lassen Sie uns nun Strategien besprechen, um dem körperlichen Wohlbefinden im juristischen Beruf Priorität einzuräumen. Regelmäßige Bewegung, nahrhafte Ernährung, ausreichend Schlaf und Stressbewältigung sind Grundpfeiler der körperlichen Gesundheit, die Anwälte in ihren Alltag integrieren können. Sich Zeit für körperliche Aktivitäten zu nehmen, sei es für einen Spaziergang, Yoga oder den

Besuch im Fitnessstudio, kann Anwälten helfen, Stress zu bewältigen, ihre Stimmung zu heben und ihre allgemeine Gesundheit zu verbessern. Ebenso sind eine gesunde Ernährung, ausreichend Flüssigkeitszufuhr und ausreichend Schlaf unerlässlich, um das Energieniveau aufrechtzuerhalten und die kognitiven Funktionen zu optimieren.

Als nächstes wollen wir uns mit den besonderen Herausforderungen befassen, denen sich Anwälte gegenübersehen, wenn es um die Erhaltung ihrer körperlichen Gesundheit geht. Die anspruchsvolle Natur der juristischen Arbeit, die langen Arbeitszeiten und der sitzende Lebensstil können sich negativ auf das körperliche Wohlbefinden auswirken und zu Problemen wie schlechter Körperhaltung, Rückenschmerzen und chronischem Stress führen. Darüber hinaus kann es für Anwälte aufgrund der Überlastungskultur und des Drucks, der Arbeit den Vorrang vor allem anderen zu geben, schwierig sein, sich selbst Priorität einzuräumen und Zeit für gesunde Gewohnheiten zu finden. Das Erkennen dieser Herausforderungen und das Ergreifen proaktiver Maßnahmen zu ihrer Bewältigung ist für die Förderung der körperlichen Gesundheit im Rechtsberuf unerlässlich.

Lassen Sie uns nun die Vorteile der Integration gesunder Gewohnheiten in den juristischen Beruf besprechen. Die Priorisierung der körperlichen Gesundheit verbessert nicht nur das allgemeine Wohlbefinden, sondern steigert auch die Produktivität, Konzentration und Belastbarkeit angesichts von Herausforderungen. Regelmäßige Bewegung reduziert nachweislich Stress, hebt die Stimmung und verbessert die kognitiven Funktionen – allesamt unerlässlich für den Erfolg im Anwaltsberuf. Ebenso können nahrhafte Ernährung, ausreichend Schlaf und Stressbewältigungstechniken Anwälten helfen, ihr Energieniveau, ihre geistige Klarheit und ihre allgemeine Vitalität aufrechtzuerhalten, sodass sie sowohl persönlich als auch beruflich Höchstleistungen erbringen können.

Lassen Sie uns die Bedeutung von Selbstfürsorge und Ausgeglichenheit für die Erhaltung der körperlichen Gesundheit betonen. Anwälte stellen die Bedürfnisse ihrer Mandanten und die Anforderungen ihrer Arbeit oft über ihr eigenes Wohlbefinden, aber die Vernachlässigung der Selbstfürsorge kann letztlich die Leistung beeinträchtigen und zu Burnout führen. Ausgeglichenheit zu finden, Grenzen zu setzen und sich Zeit für Selbstfürsorgeaktivitäten zu nehmen, ist für die Erhaltung der körperlichen Gesundheit und des allgemeinen Wohlbefindens unerlässlich. Für Anwälte ist es wichtig, ihr eigenes Wohlbefinden an erste Stelle zu setzen und zu erkennen, dass es nicht egoistisch ist, auf sich selbst zu achten – es ist für langfristigen Erfolg und Erfüllung im Rechtsanwaltsberuf unerlässlich.

Zusammenfassend lässt sich sagen, dass körperliche Gesundheit ein wesentlicher Bestandteil des Wohlbefindens ist, der für Erfolg und Erfüllung im Rechtsberuf unerlässlich ist. Indem Anwälte gesunden Gewohnheiten Priorität einräumen, ein Gleichgewicht finden und Selbstfürsorge zur Priorität machen, können sie ihr Energieniveau aufrechterhalten, ihre Belastbarkeit steigern und sowohl persönlich als auch beruflich Höchstleistungen erbringen. Die Einbeziehung körperlicher Gesundheit in den juristischen Werdegang steigert nicht nur das individuelle Wohlbefinden, sondern trägt auch zu einer gesünderen, lebendigeren Rechtsgemeinschaft als Ganzes bei.

Leistungsbeurteilungen: Wachstum und Exzellenz in der Rechtspraxis fördern

Leistungsbeurteilungen sind ein wichtiger Bestandteil der beruflichen Weiterentwicklung im Rechtsberuf und bieten wertvolles Feedback, Anleitung sowie Möglichkeiten für Wachstum und Verbesserung. Diese strukturierten Bewertungen ermöglichen es Anwälten, über ihre Leistungen nachzudenken, Entwicklungsbereiche zu identifizieren und Ziele für die Zukunft festzulegen. In dieser umfassenden Diskussion untersuchen wir die Bedeutung von Leistungsbeurteilungen, bewährte Praktiken für die Durchführung von Beurteilungen und die Vorteile, die sie sowohl für Anwälte als auch für Anwaltskanzleien bieten.

Lassen Sie uns zunächst die Bedeutung von Leistungsbeurteilungen im Rechtsberuf diskutieren. Leistungsbeurteilungen dienen als formeller Mechanismus zur Bewertung der Leistung von Anwälten und geben Feedback zu ihren Stärken, Verbesserungsbereichen und Gesamtbeiträgen zur Kanzlei oder Organisation. Diese Beurteilungen bieten einen strukturierten Rahmen zur Leistungsbewertung anhand festgelegter Kriterien, fördern die Rechenschaftspflicht und fördern kontinuierliches Lernen und Entwicklung. Indem sie eine Plattform für offenen Dialog und konstruktives Feedback bieten, befähigen Leistungsbeurteilungen Anwälte, sich zu entwickeln, hervorzustechen und ihr volles Potenzial in ihrer juristischen Karriere auszuschöpfen.

Lassen Sie uns nun die Schlüsselkomponenten effektiver Leistungsbeurteilungen näher betrachten. Eine umfassende Leistungsbeurteilung umfasst in der Regel eine Bewertung verschiedener Aspekte der Arbeit eines Anwalts, wie etwa juristisches Wissen und Fachwissen, Kundenservice und Kommunikationsfähigkeiten, Teamarbeit und Zusammenarbeit sowie die Einhaltung der Werte und Richtlinien der Kanzlei. Bei den

Beurteilungen können auch Faktoren wie abrechenbare Stunden, Fallmanagement, Geschäftsentwicklungsbemühungen und Beiträge zur Kanzleikultur und zum Engagement in der Gemeinschaft berücksichtigt werden. Durch die Bewertung der Leistung in diesen Dimensionen können Kanzleien umfassendes Feedback geben, das sowohl technische Kompetenzen als auch zwischenmenschliche Fähigkeiten berücksichtigt, die für den Erfolg im Rechtsberuf unerlässlich sind.

Als Nächstes besprechen wir Best Practices für die Durchführung von Leistungsbeurteilungen. Vorbereitung ist der Schlüssel – Manager sollten relevante Informationen und Unterlagen wie Fallergebnisse, Kundenfeedback und Abrechnungsunterlagen sammeln, um den Beurteilungsprozess zu unterstützen. Beurteilungen sollten zeitnah durchgeführt werden, sodass ausreichend Zeit für Reflexion, Diskussion und Zielsetzung bleibt. Das Feedback sollte spezifisch, konstruktiv und umsetzbar sein und sich auf Verhaltensweisen und Ergebnisse statt auf persönliche Eigenschaften konzentrieren. Es ist auch wichtig, eine unterstützende und nicht bedrohliche Umgebung zu schaffen, die eine offene Kommunikation und Zusammenarbeit zwischen Beurteilenden und Beurteilten fördert. Schließlich sollten Leistungsbeurteilungen kein einmaliges Ereignis sein, sondern ein fortlaufender Prozess, der regelmäßig im Laufe des Jahres stattfindet und kontinuierliches Feedback und Anpassungen nach Bedarf ermöglicht.

Lassen Sie uns nun die Vorteile von Leistungsbeurteilungen für Anwälte und Anwaltskanzleien untersuchen. Für Anwälte bieten Leistungsbeurteilungen wertvolle Einblicke in ihre Stärken und Wachstumsbereiche und helfen ihnen, Möglichkeiten zur Kompetenzentwicklung und zum beruflichen Aufstieg zu erkennen. Beurteilungen können auch als Plattform zur Anerkennung und Feier von Leistungen dienen und so die Moral und Motivation stärken. Für Anwaltskanzleien ermöglichen Leistungsbeurteilungen den

Unternehmen, die allgemeine Gesundheit und Effektivität ihrer Rechtsteams zu beurteilen, Talentlücken und Nachfolgeplanungsbedarf zu identifizieren und die individuelle Leistung mit den organisatorischen Zielen und Prioritäten in Einklang zu bringen. Durch die Investition in Leistungsbeurteilungen können Unternehmen eine Kultur der Exzellenz, Verantwortlichkeit und kontinuierlichen Verbesserung pflegen, die Erfolg und Wettbewerbsvorteile auf dem Rechtsmarkt vorantreibt.

Lassen Sie uns allgemeine Herausforderungen und Überlegungen bei der Durchführung von Leistungsbeurteilungen ansprechen. Eine Herausforderung besteht darin, Konsistenz und Fairness bei allen Beurteilungen sicherzustellen, insbesondere in Unternehmen mit mehreren Beurteilern oder unterschiedlichen Beurteilungsprozessen. Die Schulung und Anleitung von Beurteilern kann dazu beitragen, den Beurteilungsprozess zu standardisieren und Voreingenommenheit oder Subjektivität zu minimieren. Eine weitere Überlegung besteht darin, Erwartungen zu managen und potenzielle Uneinigkeits- oder Konfliktbereiche zwischen Beurteilern und Beurteilten anzusprechen. Offene Kommunikation, aktives Zuhören und die Bereitschaft, nach Gemeinsamkeiten zu suchen, können helfen, diese Herausforderungen zu meistern und einen konstruktiven Beurteilungsprozess zu fördern.

Zusammenfassend lässt sich sagen, dass Leistungsbeurteilungen eine entscheidende Rolle bei der Förderung von Wachstum und Exzellenz im Rechtsberuf spielen. Durch strukturiertes Feedback, Anleitung und Entwicklungsmöglichkeiten befähigen Leistungsbeurteilungen Anwälte, ihr Potenzial zu maximieren und zum Erfolg ihrer Kanzleien oder Organisationen beizutragen. Indem sie Best Practices übernehmen, Herausforderungen angehen und kontinuierlichem Feedback und Entwicklung Priorität einräumen, können Kanzleien Leistungsbeurteilungen als wirksames Instrument zur Förderung einer Kultur der Exzellenz, Verantwortlichkeit und kontinuierlichen Verbesserung im Rechtsberuf nutzen.

Beförderung und Karrierewachstum: Den Weg zum Erfolg im Rechtsberuf finden

Beförderungen und Karrierewachstum sind wichtige Meilensteine im Rechtsberuf und stellen eine Anerkennung der Leistungen, Beiträge und Aufstiegschancen eines Anwalts dar. Um den Weg zum Erfolg im Rechtsberuf zu finden, ist eine Kombination aus harter Arbeit, strategischer Planung und kontinuierlichem Lernen und Entwicklung erforderlich. In dieser umfassenden Diskussion untersuchen wir die Faktoren, die zu Beförderungen und Karrierewachstum beitragen, Strategien für den Aufstieg im Rechtsberuf und die Möglichkeiten, die Anwälten zur Verfügung stehen, um ihre beruflichen Ziele zu erreichen.

Lassen Sie uns zunächst die Faktoren besprechen, die zu Beförderung und Karrierewachstum im Rechtsberuf beitragen. Während die spezifischen Kriterien für eine Beförderung je nach Kanzlei, Tätigkeitsbereich und individuellen Karrierezielen variieren können, gibt es mehrere gemeinsame Faktoren, die bei Beförderungsentscheidungen häufig berücksichtigt werden. Dazu können juristisches Fachwissen und Kompetenz, nachgewiesene Führungsqualitäten und Eigeninitiative, Kundenentwicklung und Geschäftsgenerierung, Teamarbeit und Zusammenarbeit sowie die Einhaltung der Werte und Richtlinien der Kanzlei gehören. Anwälte, die in diesen Bereichen herausragend sind und ein Engagement für kontinuierliches Lernen und berufliche Entwicklung zeigen, haben oft gute Chancen auf Beförderung und beruflichen Aufstieg.

Lassen Sie uns nun tiefer in Strategien eintauchen, um im Rechtsberuf voranzukommen und sich für eine Beförderung zu positionieren. Der Aufbau einer soliden Grundlage an juristischem Wissen und Fachwissen ist unerlässlich – Anwälte sollten sich darauf konzentrieren, ihre Fähigkeiten zu verfeinern, ihr Fachgebiet zu beherrschen und über Entwicklungen im Rechtswesen auf dem Laufenden zu bleiben. Die Übernahme anspruchsvoller Aufgaben, die Suche nach Möglichkeiten zur beruflichen Weiterentwicklung und die Bereitschaft, Führungsrollen zu übernehmen, können ebenfalls die Sichtbarkeit und Glaubwürdigkeit innerhalb der Kanzlei oder Organisation erhöhen. Darüber hinaus kann die Investition in Networking und Beziehungsaufbau, sowohl innerhalb der Kanzlei als auch mit Mandanten und Branchenkontakten, Anwälten helfen, ihren Einflussbereich zu erweitern und Möglichkeiten für berufliches Wachstum zu schaffen.

Als nächstes wollen wir die Rolle von Mentoring und Sponsoring bei der beruflichen Weiterentwicklung untersuchen. Mentoren und Sponsoren, die Anleitung, Unterstützung und Fürsprache bieten, können bei der Wahl des richtigen Weges zu Beförderung und beruflichem Wachstum hilfreich sein. Mentoren können wertvolle Einblicke, Ratschläge und Feedback auf der Grundlage ihrer eigenen Erfahrungen und ihres Fachwissens bieten und Anwälten helfen, Herausforderungen zu meistern, Chancen zu erkennen und fundierte Karriereentscheidungen zu treffen. Sponsoren hingegen sind einflussreiche Personen innerhalb der Kanzlei oder Organisation, die die berufliche Weiterentwicklung ihrer Schützlinge aktiv unterstützen und fördern, sich bei Beförderungsentscheidungen für sie einsetzen und Zugang zu wichtigen Chancen und Netzwerken bieten. Der Aufbau sinnvoller Beziehungen zu Mentoren und Sponsoren kann ein starker Katalysator für den beruflichen Aufstieg und den beruflichen Erfolg im Rechtsberuf sein.

Lassen Sie uns nun die Bedeutung kontinuierlichen Lernens und der beruflichen Weiterentwicklung für den Aufstieg im Rechtsberuf diskutieren. Die Rechtslandschaft entwickelt sich ständig weiter, und es entstehen regelmäßig neue Gesetze, Vorschriften und Rechtstrends. Anwälte, die kontinuierliches Lernen und Weiterentwicklung priorisieren, sei es durch formelle Schulungsprogramme, Weiterbildungskurse oder selbstgesteuertes Lernen, sind besser gerüstet, sich an Veränderungen anzupassen, immer einen Schritt voraus zu sein und in ihrer Praxis hervorragende Leistungen zu erbringen. Darüber hinaus kann das Absolvieren von beruflichen Zertifizierungen, Spezialisierungen oder höheren Abschlüssen das Fachwissen, die Glaubwürdigkeit und die Marktfähigkeit verbessern und neue Möglichkeiten für berufliches Wachstum und Aufstieg eröffnen.

Lassen Sie uns allgemeine Herausforderungen und Überlegungen im Zusammenhang mit Beförderungen und Karrierewachstum im Rechtsberuf ansprechen. Eine Herausforderung besteht darin, Erwartungen und Zeitpläne für den Aufstieg zu verwalten – Beförderungsentscheidungen können von Faktoren wie der Unternehmenskultur, den Marktbedingungen und der individuellen Leistung beeinflusst werden und stimmen möglicherweise nicht immer mit den gewünschten Zeitplänen der Anwälte überein. Geduld, Ausdauer und ein Fokus auf langfristige Ziele sind unerlässlich, um diese Herausforderungen zu meistern und auf dem Weg zum Aufstieg motiviert zu bleiben. Darüber hinaus sollten Anwälte proaktiv nach Feedback suchen, Verbesserungsbereiche identifizieren und Verantwortung für ihre Karriereentwicklung übernehmen, anstatt darauf zu warten, dass sich ihnen Gelegenheiten bieten.

Zusammenfassend lässt sich sagen, dass Beförderung und Karrierewachstum wichtige Meilensteine im Rechtsanwaltsberuf sind und die Anerkennung der Leistungen, Beiträge und Aufstiegschancen eines Anwalts darstellen. Indem sie sich auf den Aufbau von Fachwissen, die Demonstration von Führungsqualitäten, die Pflege von Beziehungen und die Priorisierung kontinuierlicher Weiterbildung und Entwicklung konzentrieren, können sich Anwälte für den Erfolg positionieren und Aufstiegschancen in ihrer juristischen Karriere schaffen. Durch strategische Planung, Ausdauer und ein Engagement für Spitzenleistungen können Anwälte den Weg zur Beförderung beschreiten und ihre beruflichen Ziele im dynamischen und lohnenden Rechtsbereich erreichen.

Aufbau Ihrer Praxis: Strategien für den Erfolg im juristischen Unternehmertum

Der Aufbau einer erfolgreichen Anwaltskanzlei erfordert mehr als nur juristisches Fachwissen – er erfordert unternehmerische Vision, strategische Planung und Engagement für Kundenservice und Geschäftsentwicklung. In dieser umfassenden Diskussion untersuchen wir die wichtigsten Komponenten für den Aufbau einer erfolgreichen Anwaltskanzlei, von der Definition Ihrer Nische und der Gewinnung von Kunden bis hin zur Verwaltung des Betriebs und der Förderung des Wachstums.

Lassen Sie uns zunächst darüber sprechen, wie wichtig es ist, Ihre Nische zu definieren und Ihren Zielmarkt zu identifizieren. Durch die Spezialisierung auf ein bestimmtes Rechtsgebiet können Sie sich von Ihren Mitbewerbern abheben, Ihr Fachwissen aufbauen und Kunden gewinnen, die spezialisierte Dienstleistungen suchen. Berücksichtigen Sie bei der Definition Ihrer Nische Ihre Stärken, Interessen und Erfahrungen und erforschen Sie Markttrends und Kundenbedürfnisse, um Wachstumschancen zu identifizieren. Indem Sie Ihre Praxis auf eine bestimmte Nische oder Branche konzentrieren, können Sie sich als vertrauenswürdiger Berater und gefragter Experte auf Ihrem Gebiet positionieren.

Lassen Sie uns nun tiefer in Strategien zur Kundengewinnung und zum Aufbau eines Kundenstamms eintauchen. Networking und Beziehungsaufbau sind unerlässlich – besuchen Sie Branchenveranstaltungen, treten Sie Berufsverbänden bei und beteiligen Sie sich an Networking-Gruppen, um Ihre Reichweite zu erweitern und mit potenziellen Kunden und Empfehlungsquellen in Kontakt zu treten. Auch der Aufbau einer Online-Präsenz über eine professionelle Website, einen Blog oder soziale Medien kann dazu beitragen, die Bekanntheit Ihrer Dienstleistungen zu steigern und

Kunden zu gewinnen, die nach Rechtsvertretung suchen. Darüber hinaus kann das Anbieten von Mehrwertdiensten wie Schulungsworkshops oder kostenlosen Beratungen dazu beitragen, Vertrauen und Glaubwürdigkeit bei potenziellen Kunden aufzubauen und Ihre Kanzlei von der Konkurrenz abzuheben.

Als nächstes besprechen wir die Bedeutung von Kundenservice und -zufriedenheit beim Aufbau einer erfolgreichen Anwaltskanzlei. Außergewöhnlicher Kundenservice ist der Schlüssel zur Gewinnung und Bindung von Kunden und zur Generierung positiver Mundpropaganda. Kommunizieren Sie klar und zeitnah mit Ihren Kunden, managen Sie Erwartungen effektiv und halten Sie Ihre Kunden während des gesamten Rechtsverfahrens auf dem Laufenden. Hören Sie aufmerksam zu, zeigen Sie Empathie und Verständnis und übertreffen Sie ihre Erwartungen. Indem Sie Kundenzufriedenheit und Ergebnisse in den Vordergrund stellen, können Sie sich einen Ruf für Exzellenz aufbauen und das Vertrauen und die Loyalität Ihrer Kunden gewinnen.

Lassen Sie uns nun Strategien zur Verwaltung von Abläufen und zur Förderung des Wachstums Ihrer Anwaltskanzlei untersuchen. Die Implementierung effizienter Systeme und Prozesse wie Fallmanagementsoftware, Abrechnungssysteme und Tools zur Dokumentenautomatisierung kann dazu beitragen, Arbeitsabläufe zu optimieren, die Produktivität zu steigern und den Kundenservice zu verbessern. Investitionen in die berufliche Entwicklung und Weiterbildung können Ihnen auch dabei helfen, Branchentrends voraus zu sein, Ihre Fähigkeiten zu erweitern und Ihren Kunden einen Mehrwert zu bieten. Erwägen Sie außerdem strategische Partnerschaften oder Kooperationen mit anderen Fachleuten oder Unternehmen, um Ihr Serviceangebot zu erweitern, neue Märkte zu erreichen und Wachstumschancen zu nutzen.

Lassen Sie uns die üblichen Herausforderungen und Überlegungen beim Aufbau einer Anwaltskanzlei ansprechen. Eine Herausforderung besteht darin, Zeit und Ressourcen effektiv zu verwalten – die Gründung und der Ausbau einer Kanzlei erfordern viel Zeit, Mühe und Investitionen, und es ist wichtig, Aktivitäten zu priorisieren, die den höchsten Return on Investment erzielen. Der Aufbau eines nachhaltigen Kundenstamms erfordert Zeit, Geduld und Ausdauer, und es ist wichtig, sich auf langfristige Ziele zu konzentrieren, während man durch die Höhen und Tiefen des Unternehmertums navigiert. Darüber hinaus ist es wichtig, anpassungsfähig zu bleiben und auf sich ändernde Marktbedingungen, Kundenbedürfnisse und Branchentrends zu reagieren, um in der sich ständig weiterentwickelnden Rechtslandschaft wettbewerbsfähig und relevant zu bleiben.

Zusammenfassend lässt sich sagen, dass der Aufbau einer erfolgreichen Anwaltskanzlei eine Kombination aus juristischem Fachwissen, Unternehmergeist und kundenorientiertem Service erfordert. Indem Sie Ihre Nische definieren, Kunden gewinnen, außergewöhnlichen Service bieten und den Betrieb effektiv verwalten, können Sie eine florierende Kanzlei aufbauen, die Ihren Kunden einen Mehrwert bietet und langfristigen Erfolg generiert. Durch strategische Planung, kontinuierliches Lernen und ein Engagement für Spitzenleistungen können Sie eine Anwaltskanzlei aufbauen, die nicht nur die Bedürfnisse Ihrer Kunden erfüllt, sondern auch Ihre beruflichen Ambitionen erfüllt und zu Ihrem persönlichen und finanziellen Erfolg beiträgt.

Übergang zur Partnerschaft: Den Weg zur Führungsposition im Rechtsberuf beschreiten

Der Übergang zur Partnerschaft ist ein bedeutender Meilenstein im Rechtsanwaltsberuf und stellt eine Anerkennung der Beiträge, der Führungsqualitäten und des Potenzials eines Anwalts für langfristigen Erfolg in der Kanzlei dar. Dieser Übergang erfordert sorgfältige Planung, strategische Entscheidungsfindung und ein Engagement für hervorragende Rechtspraxis und Kundenservice. In dieser umfassenden Diskussion werden wir die Schritte des Übergangs zur Partnerschaft untersuchen, Überlegungen für angehende Partner und Strategien für den Erfolg in dieser neuen Rolle.

Lassen Sie uns zunächst die Kriterien für eine Partnerschaft und die Faktoren besprechen, die Kanzleien bei der Bewertung von Partnerschaftskandidaten berücksichtigen. Während die spezifischen Kriterien je nach Größe, Tätigkeitsbereichen und Kultur der Kanzlei variieren können, umfassen gemeinsame Faktoren häufig juristisches Fachwissen und Kompetenz, Geschäftsentwicklung und Kundengewinnung, Führung und Initiative, Teamarbeit und Zusammenarbeit sowie die Einhaltung der Werte und Richtlinien der Kanzlei. Anwälte, die in diesen Bereichen herausragend sind und eine Erfolgsbilanz und Potenzial für zukünftige Führungspositionen vorweisen können, werden oft als starke Kandidaten für eine Partnerschaft angesehen.

Lassen Sie uns nun die Schritte untersuchen, die für den Übergang zur Partnerschaft erforderlich sind. Der Weg zur Partnerschaft beginnt in der Regel mit einem formellen Bewertungsprozess, bei dem Kandidaten anhand ihrer Leistung, Beiträge und ihres Führungspotenzials innerhalb der Firma beurteilt werden. Dies kann eine Überprüfung der abrechenbaren Stunden, der Bemühungen zur

Kundenentwicklung, der Fallergebnisse und der Beiträge zur Firmenkultur und zum Engagement in der Gemeinschaft beinhalten. Von den Kandidaten kann auch verlangt werden, dass sie ihr Engagement für die Werte und Ziele der Firma unter Beweis stellen und sich Interviews oder Bewertungen durch die Firmenleitung oder Partnerschaftsausschüsse unterziehen.

Als Nächstes besprechen wir Überlegungen für angehende Partner und Strategien zur Vorbereitung auf die Partnerschaft. Der Aufbau einer soliden Grundlage an juristischem Fachwissen und Mandantenbeziehungen ist unerlässlich – Anwälte sollten sich darauf konzentrieren, ihre Fähigkeiten zu verfeinern, ihr Fachgebiet zu beherrschen und Beziehungen zu Mandanten und Empfehlungsquellen zu pflegen. Darüber hinaus kann das Zeigen von Führungsqualitäten und Eigeninitiative innerhalb der Kanzlei, beispielsweise durch die Betreuung junger Anwälte, die Teilnahme an Kanzleiausschüssen und die Mitwirkung an Kanzleiinitiativen, die Sichtbarkeit und Glaubwürdigkeit von Anwälten erhöhen und sie für eine Partnerschaft positionieren. Schließlich ist es wichtig, dass angehende Partner der Kanzleileitung ihr Interesse an einer Partnerschaft mitteilen, Feedback und Anleitung einholen und aktiv nach Wachstums- und Entwicklungsmöglichkeiten innerhalb der Kanzlei suchen.

Lassen Sie uns nun die Vorteile und Verantwortlichkeiten einer Partnerschaft im Rechtsberuf untersuchen. Eine Partnerschaft bietet Anwälten ein Gefühl von Eigenverantwortung, Autonomie und Kontrolle über ihre Praxis sowie Zugang zu den Ressourcen der Kanzlei, Unterstützung und Möglichkeiten für berufliches Wachstum und Aufstieg. Partner sind auch für die Unternehmensführung, Entscheidungsfindung und strategische Planung verantwortlich und haben ein begründetes Interesse am Erfolg und der Rentabilität der Kanzlei. Darüber hinaus bringt eine Partnerschaft mehr Prestige,

Anerkennung und Verdienstmöglichkeiten sowie die Möglichkeit mit sich, die zukünftige Ausrichtung und Kultur der Kanzlei zu gestalten.

Lassen Sie uns allgemeine Herausforderungen und Überlegungen beim Übergang zur Partnerschaft ansprechen. Eine Herausforderung besteht darin, Erwartungen und Zeitpläne für die Partnerschaft zu verwalten – während einige Anwälte auf der Überholspur zur Partnerschaft sind, müssen andere ihr Engagement und ihre Fähigkeiten möglicherweise über einen längeren Zeitraum unter Beweis stellen. Es ist wichtig, dass angehende Partner geduldig, beharrlich und proaktiv sind, wenn sie ihre Ziele verfolgen und Feedback und Anleitung von der Unternehmensleitung einholen. Darüber hinaus erfordert der Übergang zur Partnerschaft die Bereitschaft, mehr Verantwortung zu übernehmen, Risiken zu managen und sich an die Anforderungen der Führung anzupassen, was möglicherweise zusätzliche Schulungen, Unterstützung und Ressourcen erfordert.

Zusammenfassend lässt sich sagen, dass der Übergang zur Partnerschaft ein wichtiger Meilenstein im Anwaltsberuf ist und die Anerkennung der Beiträge, der Führungsqualitäten und des Potenzials eines Anwalts für langfristigen Erfolg in der Kanzlei darstellt. Indem sie sich auf juristische Exzellenz, Kundenservice und Führung konzentrieren, können angehende Partner sich für den Erfolg positionieren und bedeutende Beiträge zum Wachstum und Erfolg ihrer Kanzlei leisten. Durch strategische Planung, kontinuierliches Lernen und ein Engagement für Spitzenleistungen können Anwälte den Weg zur Partnerschaft beschreiten und ihre beruflichen Ziele im dynamischen und lohnenden Rechtsbereich erreichen.

Technologie im Recht: Innovation für juristische Exzellenz nutzen

Die Technologie hat die Rechtspraxis revolutioniert und ermöglicht es Anwälten, effizienter zu arbeiten, effektiver zu kommunizieren und ihren Mandanten einen außergewöhnlichen Service zu bieten. Von der Dokumentenautomatisierung und E-Discovery bis hin zu künstlicher Intelligenz und Cloud-basierten Plattformen verändern technologische Innovationen jeden Aspekt der Rechtspraxis. In dieser umfassenden Diskussion untersuchen wir die Rolle der Technologie im Rechtsberuf, ihre Auswirkungen auf die Rechtspraxis und den Kundenservice sowie die Chancen und Herausforderungen, die sie für Anwälte und Anwaltskanzleien mit sich bringt.

Lassen Sie uns zunächst über die Bedeutung der Technologie im Rechtsberuf sprechen. Technologie ist zu einem integralen Bestandteil der modernen Rechtspraxis geworden und ermöglicht es Anwälten, Arbeitsabläufe zu optimieren, Fälle effektiver zu verwalten und bessere Ergebnisse für ihre Mandanten zu erzielen. Von der Rechtsrecherche und Fallverwaltung bis hin zur Dokumentenerstellung und Mandantenkommunikation verbessern Technologietools und -plattformen die Effizienz, Produktivität und Zusammenarbeit innerhalb von Anwaltskanzleien und -organisationen. Durch den Einsatz von Technologie können Anwälte intelligenter und nicht härter arbeiten und ihre Zeit und Ressourcen auf die Bereitstellung von Mehrwertdiensten und strategischer Beratung für Mandanten konzentrieren.

Lassen Sie uns nun die Auswirkungen der Technologie auf die Rechtspraxis und den Kundenservice untersuchen. Einer der größten Vorteile der Technologie ist ihre Fähigkeit, Routineaufgaben und -prozesse wie Dokumentenprüfung, Vertragsgestaltung und Fallanalyse zu automatisieren, sodass Anwälte sich auf höherwertige Arbeit und strategische Entscheidungsfindung konzentrieren können. Darüber hinaus ermöglicht Technologie Anwälten den Zugriff auf riesige Mengen an Rechtsinformationen und -daten, sodass sie umfassende Rechtsrecherchen durchführen, Fallrecht und Präzedenzfälle analysieren und im Namen ihrer Mandanten fundiertere Entscheidungen treffen können. Darüber hinaus erleichtert Technologie die Kommunikation und Zusammenarbeit zwischen Rechtsteams und Mandanten und ermöglicht Echtzeit-Zusammenarbeit, sicheren Dateiaustausch und virtuelle Meetings, unabhängig von geografischem Standort oder Zeitzone.

Lassen Sie uns als Nächstes die Chancen und Herausforderungen besprechen, die die Technologie für Anwälte und Anwaltskanzleien mit sich bringt. Einerseits bietet die Technologie enorme Möglichkeiten für Innovation, Effizienz und Wachstum im Rechtsberuf. Durch die Nutzung technologischer Fortschritte können Anwälte den Kundenservice verbessern, die Betriebseffizienz steigern und sich einen Wettbewerbsvorteil auf dem Markt verschaffen. Darüber hinaus ermöglicht die Technologie es Anwälten, ihre Reichweite zu erweitern, neue Mandanten zu gewinnen und Rechtsdienstleistungen kostengünstiger und bequemer als je zuvor zu erbringen. Auf der anderen Seite bringt die Technologie auch Herausforderungen mit sich, wie z. B. Bedenken hinsichtlich der Datensicherheit und des Datenschutzes, ethische Überlegungen im Zusammenhang mit der Verwendung künstlicher Intelligenz und maschinellem Lernen sowie die Notwendigkeit kontinuierlicher Schulungen und Ausbildung, um mit den technologischen Fortschritten Schritt zu halten.

Sehen wir uns nun konkrete Beispiele für Technologietools und -plattformen an, die die Rechtspraxis verändern. Software zur Dokumentenautomatisierung, wie etwa Vertragsmanagementsysteme und Plattformen für elektronische Signaturen, rationalisiert die Erstellung und Ausführung von Rechtsdokumenten, spart Zeit und reduziert Fehler. E-Discovery- und Datenanalysetools ermöglichen es Anwälten, große Mengen elektronischer Beweise zu sichten, relevante Informationen zu identifizieren und strategische Entscheidungen in Rechtsstreitigkeiten und Ermittlungen zu treffen. Praxismanagementsoftware, einschließlich Fallmanagement- und Abrechnungssysteme, zentralisiert Mandanteninformationen, verfolgt abrechenbare Stunden und rationalisiert Verwaltungsaufgaben, wodurch Effizienz und Kundenservice verbessert werden. Darüber hinaus revolutionieren Technologien zur künstlichen Intelligenz und natürlichen Sprachverarbeitung die juristische Recherche und Analyse und ermöglichen es Anwälten, schnell relevante Rechtsprechung, Gesetze und Vorschriften zu finden und Erkenntnisse zu gewinnen, die ihre juristischen Argumente und Strategien untermauern.

Lassen Sie uns allgemeine Herausforderungen und Überlegungen bei der Einführung und Integration von Technologie in die Rechtspraxis ansprechen. Eine Herausforderung besteht darin, die Datensicherheit und Vertraulichkeit zu gewährleisten, insbesondere bei der Verwendung von Cloud-basierten Plattformen und der Online-Speicherung vertraulicher Kundeninformationen. Anwälte müssen proaktive Maßnahmen zum Schutz der Kundendaten ergreifen, z. B. Verschlüsselung, Zugriffskontrollen und Multi-Faktor-Authentifizierung implementieren und Datenschutzbestimmungen und ethische Verpflichtungen in Bezug auf die Kundenvertraulichkeit einhalten. Darüber hinaus müssen Anwälte über neue Technologien und Trends in der Legal-Tech-Landschaft auf dem Laufenden bleiben und bereit sein, ihre Praktiken entsprechend anzupassen und weiterzuentwickeln, um im digitalen Zeitalter wettbewerbsfähig und relevant zu bleiben.

Zusammenfassend lässt sich sagen, dass die Technologie die Rechtspraxis verändert hat und es Anwälten ermöglicht, effizienter zu arbeiten, effektiver zu kommunizieren und ihren Mandanten einen außergewöhnlichen Service zu bieten. Durch die Nutzung technologischer Innovationen können Anwälte ihre Produktivität steigern, Arbeitsabläufe optimieren und sich einen Wettbewerbsvorteil auf dem Markt verschaffen. Die Einführung und Integration von Technologie in die Rechtspraxis erfordert jedoch eine sorgfältige Abwägung der Chancen und Herausforderungen sowie die Bereitschaft zu kontinuierlichem Lernen und Anpassung. Durch den verantwortungsvollen und ethischen Einsatz von Technologie können Anwälte die Kraft der Innovation nutzen, um Erfolg und Exzellenz im dynamischen und sich entwickelnden Rechtsbereich voranzutreiben.

Pro Bono-Arbeit: Im Dienste der Gerechtigkeit und zur Stärkung der Gemeinschaften

Pro-bono-Arbeit oder die Bereitstellung von Rechtsdienstleistungen für Einzelpersonen und Organisationen in Not auf freiwilliger Basis ist ein Eckpfeiler des Engagements der Rechtsberufe für den Zugang zu Recht und öffentlichem Dienst. Durch Pro-bono-Arbeit können Anwälte einen bedeutenden Einfluss auf das Leben unterversorgter Personen, marginalisierter Gemeinschaften und gemeinnütziger Organisationen haben und gleichzeitig die Grundsätze von Fairness, Gleichheit und Gerechtigkeit wahren. In dieser umfassenden Diskussion untersuchen wir die Bedeutung von Pro-bono-Arbeit, ihre Auswirkungen auf Anwälte und die Gesellschaft sowie Strategien für eine effektive und ethische Durchführung von Pro-bono-Diensten.

Lassen Sie uns zunächst über die Bedeutung der Pro-bono-Arbeit im Rechtsberuf sprechen. Pro-bono-Arbeit spielt eine entscheidende Rolle bei der Erweiterung des Zugangs zum Recht für diejenigen, die sich keine Rechtsvertretung leisten können, darunter Personen mit niedrigem Einkommen, Einwanderer, Opfer häuslicher Gewalt und andere, die vor rechtlichen Herausforderungen stehen. Indem sie unterversorgten Bevölkerungsgruppen kostenlose oder kostengünstige Rechtsberatung anbieten, können Anwälte dazu beitragen, Chancengleichheit herzustellen, Grundrechte zu schützen und sicherzustellen, dass das Recht allen zugänglich ist, unabhängig von sozioökonomischem Status oder Hintergrund. Pro-bono-Arbeit steht auch im Einklang mit den ethischen Verpflichtungen und beruflichen Verantwortlichkeiten von Anwälten, dem öffentlichen Interesse zu dienen und die Rechtsstaatlichkeit zu fördern.

Lassen Sie uns nun die Auswirkungen der Pro-bono-Arbeit auf Anwälte und die Gesellschaft untersuchen. Für Anwälte bietet die

Pro-bono-Arbeit Möglichkeiten für persönliches und berufliches Wachstum, Kompetenzentwicklung und Erfüllung. Durch die Teilnahme an der Pro-bono-Arbeit können Anwälte ihr juristisches Fachwissen erweitern, praktische Erfahrungen sammeln und das Leben anderer spürbar verbessern. Pro-bono-Arbeit stärkt auch den Ruf des Anwaltsberufs und sein Engagement für soziale Verantwortung und erhöht das öffentliche Vertrauen in das Rechtssystem. Für die Gesellschaft trägt die Pro-bono-Arbeit zum Gemeinwohl bei, indem sie unerfüllte rechtliche Bedürfnisse anspricht, soziale Gerechtigkeit fördert und Gleichheit und Fairness vor dem Gesetz vorantreibt. Indem sie ihre Zeit und ihre Talente ehrenamtlich einsetzen, um Bedürftigen zu helfen, spielen Anwälte eine wichtige Rolle bei der Stärkung von Gemeinschaften, der Ermächtigung von Einzelpersonen und der Förderung des Gemeinwohls.

Als Nächstes besprechen wir Strategien für eine effektive und ethische Pro-bono-Arbeit. Eine Strategie besteht darin, Bedarfsbereiche und Möglichkeiten für Pro-bono-Arbeit in Ihrer Gemeinde oder Anwaltskanzlei zu identifizieren. Dies kann die Zusammenarbeit mit Rechtshilfeorganisationen, gemeinnützigen Organisationen oder Anwaltskammern umfassen, die Pro-bono-Programme und -Initiativen koordinieren, oder die Suche nach Einzelfällen oder Projekten, die Ihren Interessen und Ihrer Expertise entsprechen. Darüber hinaus ist es wichtig, klare Grenzen und Erwartungen für Pro-bono-Engagements festzulegen, einschließlich der Definition des Leistungsumfangs, der Verwaltung der Kundenerwartungen und der effektiven Ressourcenzuweisung, um eine qualitativ hochwertige Vertretung zu gewährleisten. Schließlich sollten Anwälte der kontinuierlichen Kommunikation, Zusammenarbeit und Unterstützung durch Kollegen, Mentoren und Pro-bono-Koordinatoren Priorität einräumen, um die Wirkung und Wirksamkeit ihrer Pro-bono-Bemühungen zu maximieren.

Lassen Sie uns die häufigen Missverständnisse und Herausforderungen im Zusammenhang mit Pro-bono-Arbeit ansprechen. Ein Missverständnis ist, dass Pro-bono-Arbeit nur Anwälten mit Spezialkenntnissen oder Ressourcen vorbehalten ist. In Wirklichkeit können Anwälte aller Hintergründe und Tätigkeitsbereiche zu Pro-bono-Diensten beitragen, sei es durch direkte Rechtsvertretung, Rechtsberatung und -betreuung oder durch die Teilnahme an Interessenvertretungs- und politischen Initiativen. Eine weitere Herausforderung besteht darin, Zeit zu finden, um Pro-bono-Arbeit mit kostenpflichtiger Kundenarbeit und anderen beruflichen Verpflichtungen in Einklang zu bringen. Obwohl Pro-bono-Arbeit Zeit und Engagement erfordert, können Anwälte Pro-bono-Dienste in ihre Praxis integrieren, indem sie Gelegenheiten priorisieren, die ihren Interessen und ihrem Zeitplan entsprechen, und indem sie Ressourcen und Unterstützung ihrer Kanzlei oder Organisation nutzen.

Zusammenfassend lässt sich sagen, dass Pro-bono-Arbeit ein wesentlicher Ausdruck des Engagements der Rechtsberufe für den Zugang zu Recht, öffentliche Dienste und soziale Verantwortung ist. Indem Anwälte ihre Zeit und ihre Talente ehrenamtlich einsetzen, um Bedürftigen zu helfen, können sie einen bedeutenden Einfluss auf Einzelpersonen, Gemeinschaften und die Gesellschaft als Ganzes ausüben. Durch ihre Pro-bono-Arbeit wahren Anwälte die Grundsätze von Fairness, Gleichheit und Gerechtigkeit und tragen zu einem gerechteren und faireren Rechtssystem für alle bei. Indem sie Pro-bono-Dienste als Grundwert und berufliche Verantwortung betrachten, können Anwälte dazu beitragen, dass das Versprechen der Gerechtigkeit für alle zugänglich ist, unabhängig von ihrer Zahlungsfähigkeit.

Globale Rechtspraxis: Die Komplexität des Völkerrechts meistern

Globale Rechtspraktiken umfassen eine breite Palette von Rechtsdienstleistungen und -aktivitäten, die nationale Grenzen überschreiten und Klienten mit unterschiedlichen Bedürfnissen und Interessen in einer zunehmend vernetzten Welt dienen. Von multinationalen Konzernen und internationalen Organisationen bis hin zu Einzelpersonen und Regierungen suchen Klienten Rechtsberatung und Vertretung zu einer Vielzahl grenzüberschreitender Fragen, darunter internationaler Handel, Investitionen, Einwanderung und Menschenrechte. In dieser umfassenden Diskussion untersuchen wir die Natur globaler Rechtspraktiken, die Herausforderungen und Chancen, die sie für Anwälte darstellen, und Strategien zur Bewältigung der Komplexität des internationalen Rechts.

Lassen Sie uns zunächst die Art globaler Rechtsanwaltspraxen und die Art der von ihnen angebotenen Dienstleistungen besprechen. Globale Rechtsanwaltspraxen umfassen ein breites Spektrum an Rechtsdienstleistungen, darunter unter anderem Transaktionsarbeit, Streitbeilegung, Einhaltung gesetzlicher Vorschriften und Beratungsdienste. Anwälte, die in globalen Rechtsanwaltspraxen arbeiten, können sich auf verschiedene Bereiche des Völkerrechts spezialisieren, wie etwa internationalen Handel und Investitionen, Gesellschafts- und Handelsrecht, Schiedsgerichtsbarkeit und Streitbeilegung, Menschenrechte und humanitäres Recht oder grenzüberschreitende Prozessführung und Durchsetzung. Diese Anwälte beraten Klienten zu einer breiten Palette grenzüberschreitender Themen, darunter Fusionen und Übernahmen, Joint Ventures, grenzüberschreitende Transaktionen, Schutz des geistigen Eigentums, Einhaltung gesetzlicher Vorschriften und internationale Streitigkeiten.

Lassen Sie uns nun die Herausforderungen und Chancen untersuchen, die globale Rechtspraktiken mit sich bringen. Eine Herausforderung besteht darin, sich in den Komplexitäten des Völkerrechts zurechtzufinden, was die Navigation durch unterschiedliche Rechtssysteme, Sprachen, Kulturen und regulatorische Rahmenbedingungen in mehreren Rechtsräumen beinhalten kann. Anwälte müssen über ausgeprägte analytische Fähigkeiten, kulturelle Kompetenz und interkulturelle Kommunikationsfähigkeiten verfügen, um Mandanten in globalen Rechtsangelegenheiten effektiv vertreten zu können. Darüber hinaus erfordern globale Rechtspraktiken, dass Anwälte über Entwicklungen im Völkerrecht, globale Trends und aufkommende Probleme auf dem Laufenden bleiben, die sich auf die Interessen und Geschäftstätigkeiten ihrer Mandanten auswirken können. Dies erfordert kontinuierliche Schulungen, Ausbildung und berufliche Weiterentwicklung, um Fachwissen und Kompetenz auf diesem Gebiet aufrechtzuerhalten.

Als Nächstes besprechen wir Strategien, um die Komplexität des Völkerrechts zu meistern und eine erfolgreiche globale Rechtspraxis aufzubauen. Eine Strategie besteht darin, ein tiefes Verständnis der rechtlichen und regulatorischen Rahmenbedingungen für internationale Transaktionen und Streitigkeiten zu entwickeln, einschließlich internationaler Verträge, Konventionen und Völkergewohnheitsrecht. Anwälte sollten auch Beziehungen zu lokalen Beratern, Experten und Interessenvertretern in wichtigen Rechtsgebieten pflegen, um ihren Mandanten umfassende Rechtsberatung und Vertretung zu bieten. Darüber hinaus sollten Anwälte Technologien und Ressourcen wie Rechtsrecherchedatenbanken, Sprachübersetzungstools und internationale Rechtsnetzwerke nutzen, um auf Informationen zuzugreifen, mit Kollegen zusammenzuarbeiten und Mandanten grenzüberschreitend effizient und effektiv zu betreuen.

Lassen Sie uns allgemeine Missverständnisse und Herausforderungen im Zusammenhang mit globalen Rechtspraktiken ansprechen. Ein Missverständnis besteht darin, dass globale Rechtspraktiken nur großen, multinationalen Anwaltskanzleien oder Anwälten mit umfassender internationaler Erfahrung vorbehalten sind. In Wirklichkeit können Anwälte aller Hintergründe und Fachgebiete in der globalen Rechtspraxis tätig sein, sei es durch die Vertretung multinationaler Unternehmen, die Beratung von Einzelpersonen bei grenzüberschreitenden Transaktionen oder durch das Eintreten für Menschenrechte und soziale Gerechtigkeit auf internationaler Ebene. Eine weitere Herausforderung besteht darin, die Einhaltung lokaler Gesetze und Vorschriften in mehreren Rechtsgebieten sicherzustellen. Dies kann eine Abstimmung mit lokalen Rechtsanwälten, Regierungsbehörden und Aufsichtsbehörden erfordern, um sich in komplexen Rechtsumgebungen zurechtzufinden und das Rechtsrisiko für Mandanten zu minimieren.

Zusammenfassend lässt sich sagen, dass globale Rechtsanwaltskanzleien eine entscheidende Rolle dabei spielen, die vielfältigen Bedürfnisse und Interessen von Mandanten in einer zunehmend vernetzten Welt zu erfüllen. Durch Rechtsberatung und Vertretung in grenzüberschreitenden Angelegenheiten helfen globale Rechtsanwaltskanzleien Mandanten, sich in den Komplexitäten des Völkerrechts zurechtzufinden, ihre globale Präsenz zu erweitern und ihre geschäftlichen und rechtlichen Ziele zu erreichen. Anwälte, die in globalen Rechtsanwaltskanzleien arbeiten, müssen über ausgeprägte analytische Fähigkeiten, kulturelle Kompetenz und interkulturelle Kommunikationsfähigkeiten verfügen, um Mandanten in globalen Rechtsangelegenheiten effektiv vertreten zu können. Indem sie die Herausforderungen und Chancen der globalen Rechtspraxis annehmen, können Anwälte einen bedeutenden Einfluss auf

Einzelpersonen, Organisationen und Gesellschaften auf der ganzen Welt ausüben und Gerechtigkeit, Fairness und Rechtsstaatlichkeit auf globaler Ebene voranbringen.

Abschluss

Zusammenfassend lässt sich sagen, dass der Anwaltsberuf ein dynamisches und vielseitiges Feld ist, das eine breite Palette von Tätigkeitsbereichen, Spezialgebieten und Rollen umfasst. Von angehenden Jurastudenten, die ihre juristische Ausbildung beginnen, bis hin zu erfahrenen Anwälten, die sich mit komplexen Rechtsfragen und globalen Herausforderungen auseinandersetzen müssen, bietet der Anwaltsberuf in jeder Phase der Karriere Möglichkeiten für Wachstum, Lernen und Einflussnahme.

Im Rahmen dieser umfassenden Diskussion haben wir wichtige Themen und Schwerpunkte untersucht, die sowohl für angehende als auch praktizierende Anwälte relevant sind, darunter juristische Ausbildung, Karriereentwicklung, Berufsethik und die Rolle der Technologie im Rechtswesen. Wir haben die Bedeutung grundlegender Fähigkeiten wie juristische Recherche und Schreiben, Mandantenkommunikation und Gerichtsetikette sowie fortgeschrittenere Themen wie Verhandlungstechniken, Aufbau eines beruflichen Netzwerks und Übergang zur Partnerschaft besprochen.

Wir haben auch den breiteren Kontext der Rechtspraxis untersucht, einschließlich der Auswirkungen der Globalisierung, des technologischen Fortschritts und der steigenden Nachfrage nach Pro-Bono-Diensten und sozialer Verantwortung. Indem sie Innovation, Vielfalt und Servicebereitschaft fördern, können Anwälte die Komplexität des Rechtsberufs meistern, sinnvolle Beiträge für ihre Mandanten, Gemeinden und die Gesellschaft leisten und die Grundsätze von Gerechtigkeit, Fairness und Rechtsstaatlichkeit wahren.

Da sich die Rechtslandschaft ständig weiterentwickelt und an sich ändernde soziale, wirtschaftliche und technologische Trends anpasst, müssen Anwälte flexibel und anpassungsfähig bleiben und sich dem lebenslangen Lernen und der beruflichen Weiterentwicklung verschrieben haben. Indem sie in ihrer Rechtspraxis informiert, engagiert und proaktiv bleiben, können sich Anwälte für Erfolg und Erfüllung in dem dynamischen und lohnenden Rechtsbereich positionieren.

Letztlich bietet der Anwaltsberuf endlose Möglichkeiten für Wachstum, Einfluss und Dienste, und es liegt an jedem einzelnen Anwalt, seinen eigenen Weg zu gehen, seinen Leidenschaften nachzugehen und durch seine Arbeit einen Unterschied in der Welt zu machen. Ob sie nun im Gerichtssaal für Gerechtigkeit eintreten, Mandanten in komplexen Rechtsfragen beraten oder durch Pro-Bono-Dienste und gemeinnützige Arbeit zum Gemeinwohl beitragen, Anwälte haben die Macht, die Zukunft des Rechts und der Gesellschaft zum Besseren zu gestalten.